Najat El Hachmi
Eine fremde Tochter
Roman

Wir danken dem Institut Ramon Llull für die freundliche Unterstützung bei der Übersetzung dieses Buches.

Katalanische Sprache und Kultur

Najat El Hachmi

Eine fremde Tochter

Roman

**Aus dem Katalanischen
von Michael Ebmeyer**

orlanda

Für Anaïs

Ich werde nicht mehr für euch da sein. Ab jetzt werde ich für mich da sein. Für mich oder für wen ich möchte, aber für niemanden mehr, der mich niedergedrückt und ohne Kopf will.

Heute früh hat sich Raureif gebildet. Er überzog die nach Jauche riechenden Felder der Hochebene, während ich mich in meinem Bett wälzte, das nicht aufhörte zu knarzen. Ein lächerliches Sprungfederbett, zu eng und zu kurz, in meinem immer dunklen Altstadtzimmer. Meine Mutter muss mich gehört haben, sie hat sehr gute Ohren und einen leichten Schlaf. Bei jedem Umdrehen habe ich an sie gedacht und auch jedes Mal, wenn ich das verklumpte Laken zurechtzog.

Ich bin in der Gewissheit aufgewachsen, dass ihr kein Geräusch aus meinem Bett entgeht, dass sie über meine Bewegungen Bescheid weiß und jeden Laut meines Körpers mitbekommt, selbst wenn ich mich gar nicht rege – wie ich atme, wie meine Eingeweide pochen. Im Bett, die Finger um das Kissen gekrampft, sagte ich mir ein ums andere Mal, dass ich nicht an sie denken durfte; dass dies der schwierigste Teil des anbrechenden Tages war; dass ich es schaffen musste, so schwer es mir auch fiel. Ließe ich sie in meinen Kopf hinein, und sei es nur für einen Moment, dann wäre es, als würde ich mich umwenden und zur Salzsäule erstarren.

Wenn ich die muffige, feuchte Luft des Zimmers etwas tiefer in die Nase sog, nahm ich den Geruch meines eigenen Atems wahr, den ich seit Stunden verteilt hatte, die Ausdünstungen meines Körpers. Um mich abzulenken, versuchte ich die Zusammensetzung dieses Geruchs zu bestimmen, die Bestandteile dessen, was mir entströmt und damit bereits tot war.

Die Schlaflosigkeit führte mich in eine Spirale flüchtiger Gedanken, von einem Ort zum anderen, zum anderen, zum anderen – und so weiter, ohne Ende. Diese Eigenart meines Kopfs, immer herumzuflattern, immer kreuz und quer, tut mir manchmal gut. Sie bringt mir Zerstreuung, kann mir zähe Stunden erträglich machen. Heute Nacht ist es aber nur zeitweise so gewesen. Dann wieder wurden die Stunden endlos, unerträglich, beklemmend, klaustrophobisch, und mehr als einmal war ich drauf und dran, aufzustehen und zu fliehen. Ich kann nicht mehr, sagte ich zu mir selbst und tastete im Dunkeln nach dem Resopalnachttisch. Ein altmodisches Resopal, kalt und glänzend, gemasert wie echtes Holz. Aber wo gibt es graues Holz? Ich fand schon immer, dass er ein angeberischer Nachttisch war, mit seinen rostigen Füßen. Resopal ohne Muster, glatt und eingestanden künstlich, wäre für meinen Geschmack würdevoller, wahrhaftiger. All das habe ich heute Morgen gedacht, während ich die Finger über die kalte Oberfläche gleiten ließ und auf diese Weise den Drang bremste, hinauszurennen.

Hinter der Wand, die uns trennte, atmete meine Mutter schwer, und es beruhigte mich zu wissen, dass sie schlief. Sie würde den Schrecken, der sie am Tag erwartete, besser durchstehen, wenn sie ausgeruht war. Vielleicht war diese Nacht für lange Zeit die letzte, in der sie schlafen konnte. Schließlich würde ihr Leben fortan nicht mehr dasselbe sein.

Nach dem Weckerklingeln habe ich es gemacht wie immer. Ich habe mir das Gesicht gewaschen und den Kaffee aufgesetzt. Ich sah mich in der Küche um und wusste, in Zukunft würde es mich beruhigen, mich an ihre Einzelheiten zu erinnern. Nach einiger Zeit würde ich mich fragen: Wie sahen die Türen der Schränke aus? Aus welchem Material waren die Griffe? Welche Farbtöne hatten die Bodenfliesen? Ich habe mir alles genau eingeprägt, um diesen engen, lang gezogenen Raum für immer im Gedächtnis zu behalten. Die vergilbten Möbel, die billigen Oberflächen, die Arbeitsplatte, um die Spüle herum abgeblättert. Der Kühlschrank gleich daneben, auch gelblich geworden mit der Zeit. Es ist die Farbe der Küche, die Farbe des Hauses, die Farbe meines Lebens hier: ein schlaffes Gelb ohne Seele und Leidenschaft, ohne jede interessante Nuance, ein fades Gelb. Ich schaute mir alles an und fühlte mich ein wenig wie die Evelyn in James Joyces *Dubliners*, bloß dass mich niemand misshandelte.

Ich habe die italienische Espressokanne auf den Herd gesetzt, die Mumna auf dem Markt günstig erstanden hatte und eines Tages mitbrachte, weil sie wusste, dass meine Mutter sich so sehr eine wünschte. Mir kam der Gedanke, dass ich sie ja doch nicht ganz allein zurücklassen werde. Auch wenn wir hier nur zu zweit gewesen sind, sie und ich, kennt sie doch viele Leute, die sie mögen und sich um sie kümmern werden.

Ich habe die Milch angewärmt, als ich hörte, wie meine Mutter im Bad ihre Waschungen vornahm. Ich habe mir vorgestellt, wie sie ihre Arme benetzt, bis zu den Ellenbogen, mit Gesten, die seit ihrer Kindheit dieselben sind, nicht bloß flink und routiniert, sondern ein fester Bestandteil von ihr. Als die Milch zu schäumen begann, habe ich sie vom Feuer genommen und den Topf mit dem Wasser fürs Brot auf den Herd gestellt. Ich ließ das Wasser warm werden und schüttete Mehl in die Teigschüssel, wie immer nach Augenmaß, einen Hügel, dessen Proportionen ich nun fast so präzise beherrsche, wie meine Mutter es verlangt. Natürlich kriege ich das Brot nie so hin wie sie, doch immerhin beschwert sie sich nicht mehr so oft über meinen Mangel an Übung. Ich bohre ein Loch in die Mitte des Hügels, streue das Salz hinein und die Hefe, die ich mit einer gewissen Lust zerkrümelt habe. Das kühlschrankfrische Ferment, wie es sich beim Durchkneten bindet, ruft ein eigenartig angenehmes Gefühl in meinen Fingerspitzen hervor. Ich spüre genau, wie von diesen winzigen Stellen meiner Haut aus die Empfindungen in einen ganz speziellen Bereich meines Gehirns geleitet und von dort aus dann überallhin ausgestrahlt werden. So bin ich, so funktioniere ich, aber ich habe nicht vor, das irgendwem zu erklären. Lust zu empfinden bei Dingen, die eigentlich keine Lust hervorrufen sollten, diese Augenblicke des Wohlgefühls auch noch exponentiell zu steigern und sie in jeden Winkel meiner selbst auszuweiten, das muss verdächtig wirken, das ist ja nicht üblich. Ich weiß nicht, ob andere das auch kennen, ich werde es nicht riskieren, zu fragen.

Wenn schon die Hefe solches Kribbeln bei mir auslöst, dann erst recht das Gießen des lauwarmen Wassers in die Mehlgrube, der Zerfall des kleinen Hügels, das Gefühl, wie der Teig sich bindet und mir an den Handflächen kleben bleibt, in jeder kleinen Falte und an den Häutchen zwischen den Fingern. Was meine Hände spüren, dringt in jeden Winkel meines Körpers vor, auch in Zonen, deren Namen ich nicht kenne und deren Anatomie ich mir nicht vorstellen kann, ich erbebe ganz und gar, auf eine Weise, die niemand sieht oder mitbekommt – und danach fühlt es sich an, als würde ich mich in alle Winde zerstreuen. Es ist wohl eine Art Einssein mit der Welt, eine intime und geheime Seligkeit. Mir diese Lust nicht anmerken zu lassen, hat mich immer enorme Anstrengung gekostet. Wenn ich könnte, würde ich mich ändern, um die Dinge weniger intensiv zu spüren.

Nachdem ich die Zutaten vermengt hatte, stellte ich die Schüssel aus Ton auf den Boden, um mit ganzer Kraft weiter zu kneten. Auf den Knien, die Zehen gegen die Fliesen gestemmt – ich kann mir nichts Sinnlicheres vorstellen. Erfunden habe ich es nicht, meine Mutter hat immer auf diese Weise Brot gemacht.

Und auch alle anderen Frauen von dort, ob sie einen großen Küchentisch haben oder nicht.

Als der Kaffee auf dem Herd zu brodeln begann, erschreckte mich die Stimme meiner Mutter mit ihrem üblichen *Guten Morgen*. Blitzschnell musste ich aus meinem inneren Tumult auftauchen. Wir küssen uns nicht, das ist bei uns nicht üblich. Wenn ich daran denke, wie sie damals in unserem Dorf, bei den Großeltern, alle Frauen mit ein paar Küsschen auf die Wange – oder auf den Kopf, die Großmutter, oder auf den Handrücken, den Großvater – begrüßte, wird mir unbehaglich zumute. Vor allem, weil sie auch mich küssten, diese anderen Frauen. Aber wir unter uns, einfach so, nein: Meine Mutter und ich, wir küssen uns nie. Auch heute nicht, nichts ist heute anders als sonst.

Sie hat die Herdflamme abgestellt und die beiden heißen Flüssigkeiten in der Kaffee-Teekanne gemischt. Die nenne ich so, weil weder Teekanne noch Kaffeekanne das passende Wort für sie ist. Für ein paar Augenblicke bleibe ich an dieser Frage hängen: Wie würde man das Gefäß richtig bezeichnen? *Thaglacht, Abarrad,* in unserer-ihrer Sprache so sauber unterschieden, aber ich bin nicht imstande, eine Entsprechung zu finden. Und diese kleine, banale Abschweifung in Vokabelfragen erinnert mich daran, wie weit entfernt ich von ihr bin, von ihrer Welt, von ihrer Art zu leben und die Dinge zu betrachten. So viel ich auch übersetze, so sehr ich mich auch bemühe, die Wörter von einer Sprache in die andere umzuschütten: Es wird mir nie wirklich gelingen, immer bleiben Unterschiede. Dennoch ist das Übersetzen ein süßer Zeitvertreib, ein zumindest fassbares Zeichen des Willens, unsere Wirklichkeiten einander anzunähern; und es ist mir immer nützlich gewesen, seit wir hierhergekommen sind.

Ich dachte über diese Dinge nach, um nicht an Mutter zu denken, um sie nicht mit einem Lebewohl-Blick anzusehen, meine Absichten nicht durchblicken zu lassen. Sie sollte nicht merken, dass ich mich gerade von ihr verabschiedete. Allerdings wunderte es mich, dass sie meine Pläne nicht erriet, sie, die sonst alles weiß, sie, die Krankheiten und Todesfälle im Traum vorhersieht und auch das Geschlecht der ungeborenen Kinder. Mein Blick streifte sie, als sie den Zucker in den Milchkaffee streute. Noch hatte sie nicht gebetet, ihr Gesicht war weich, ihr Kopf entblößt. Ich wollte mir ihren Wust winziger Locken einprägen, der nie verschwunden ist, obwohl sie ihn schon ihr Leben lang mit dem Kamm aus Schildpatt und mit Olivenöl traktiert hat. Den Mittelscheitel, der ihre stattliche Stirn betont. Die Stirn einer Frau aus dem Rifgebirge, das Gesicht einer würdevollen *Amazigh*, einer Dame von Kopf bis Fuß. Bewundernswert und in der Tat stets bewundert, ihr Äußeres wie ihr Inneres. Um ihre Ehrbarkeit wissen alle Frauen der Stadt, will sagen: alle Marokkanerinnen. Den anderen ist es ja egal, welches Ansehen eine Immigrantin mit Kopftuch genießt. Ein Ansehen, das Kontinente umspannt, wenn eine der Klatschbasen beim sonntäglichen Telefonat mit ihrer Familie darüber spricht. Immer wieder rufe ich mir dieses Bild auf, weil ich es so lustig finde: Die Stimmen der Frauen aus winzigen Dörfern, mit winzigen Leben, durchqueren ganze Erdteile mittels der Telefonkabel. So viel Technologie, um sich Nichtigkeiten an einem Sonntagnachmittag zu erzählen.

Ich weiß nicht, worüber meine Mutter beim Frühstück gesprochen hat, zu sehr war ich darauf konzentriert, sie mir so zu merken, wie sie ist, um mich dann immer an sie erinnern zu können. Ich wollte mir genau einprägen, wie sie sich mit drei spitzen Fingern Stücke vom Brot pflückt, die beiden anderen

Finger auf den nachgiebigen Laib in der Pfanne gestützt. Es ist keine Pfanne, ich weiß, es ist eine *Imsacha* oder *Imsachar*, das R am Ende ist stumm, aber egal. Wir müssen uns jetzt nicht mit Wörtern für Haushaltsgegenstände beschäftigen.

Es fiel mir schwer, die *Irqqusen* zu schlucken, die Brotbröckchen mit Öl, ich hatte in der Kehle dieses unerträgliche Gefühl, wenn man weinen muss, aber nicht darf. Sie hat sich erhoben, mir die Teller zum Abspülen überlassen und ist im Dunkel des Flurs verschwunden. Ich habe gedacht: Lebe wohl, Mutter, danke für alles, aber ich habe es in dieser Sprache gedacht, nicht in ihrer. Das kam mir plötzlich falsch vor. Es gibt Gedanken, die ich nur in der anderen, nicht in ihrer Sprache habe oder mir vergegenwärtigen kann.

Es war noch kühl, als ich auf die Baixada de l'Eraime trat. Ich hätte den Carrer del Cloquer entlanggehen können, am Bischöflichen Museum vorbei und durch den Carrer de la Ramada bis zur Rambla, von dort aus den Carrer Morgades hinauf, das Postamt und das Gerichtsgebäude passieren, bis zum Denkmal für Jacint Verdaguer. Doch ich wollte noch einmal die engen Altstadtgassen erleben und bin ein wenig herumgeschlendert, habe ihren Duft eingesogen, der seit vielen Jahren der Geruch meines Lebens ist. Gerade deshalb widert er mich jetzt an. Ich habe mir diesen Geruch so sehr zu eigen gemacht, dass er ein Teil von mir geworden ist. Doch die Gassen zeigen sich gleichgültig: Meine Anwesenheit, überhaupt unsere Gegenwart lässt sie völlig kalt.

Ich war schon im Begriff, rechts abzubiegen, auf die Plaça Don Miquel de la Clariana, um noch einen Blick auf den Bojons-Palast zu werfen, wo bis vor kurzem die Bibliothek untergebracht war, meine Zuflucht in so vielen Stunden. Doch die Aussicht, dort auf verschlossene Tore zu blicken, stimmte mich traurig, also ging ich stattdessen durch den Carrer de Corretgers.

Ich bin vor dem Kloster der Sakramentinerinnen stehengeblieben, der Ewigen Anbeterinnen der Heiligen Eucharistie, die mich mein Leben lang neugierig gemacht haben und mir weiterhin ein Rätsel sind. Nein, natürlich nicht mein Leben lang, anfangs hatte ich keine Ahnung, was überhaupt ein Kloster ist oder eine Nonne oder gar eine Ordensschwester in Klausur. Was sollte ein Mädchen mit lockigem Haar, das aus dem Staub der nordafrikanischen Felder kam, von derart exotischen Dingen wissen? Jahrelang sagte das Gebäude mir nichts, es war eins dieser großen alten Steinhäuser in der Stadt, die dem Lauf der Zeit trotzten.

Von seinem Innern kannte ich nur den Oblatenverkauf, aus einer geheimnisvollen Hand, die aus einem rötlichen Ärmel hervorlugte und uns die gelöcherten Hostien überreichte. Anfangs fragte ich mich nie, warum diese Frau nicht aus ihrem Versteck herauskam und was sich hinter den fest verschlossenen Türen befand. Doch irgendwann, ich weiß nicht, ob im Religionsunterricht, oder weil jemand davon redete, erfuhr ich von der Existenz solcher Klostergemeinschaften. Frauen, die nie oder fast nie das Haus verließen, in dem sie lebten. Das beschäftigt mich nach wie vor, und schon lange juckt es mich jedes Mal, wenn ich bei den Sakramentinerinnen vorbeikomme, da hineinzugehen und ihnen tausend Fragen über ihr Leben zu stellen. Doch ich habe es nie versucht. So wie jetzt; ich stehe wie angewurzelt vor dem Bau, auf den schiefen Pflastersteinen, und blicke auf das kleine, mit Schreibmaschine beschriftete Schild: Pforte geöffnet von … bis …

Im Stillen verabschiede ich mich auch von ihnen, von den unbekannten Eingeschlossenen.

Ich habe eine Weile über diesen Orden nachgedacht, über das, was ich gelesen habe, nachdem ich von ihm erfahren hatte, von seiner Gründerin, und diese Gedanken haben mich von meiner Mutter abgelenkt. Was, wenn sie früher als sonst aus dem Haus gegangen ist und mich nun hier stehen sieht? Was, wenn sie sehen will, was ich in meiner Tasche habe, und feststellt, dass es zwar dieselbe Tasche ist, mit der ich sonst zum Gymnasium gehe, diesmal aber nicht mit Büchern darin, sondern mit Kleidung für mehrere Tage, Zahnbürste, meinem Pass, meiner Aufenthaltserlaubnis und der Kladde, in die ich hineinschreibe, was mir so durch den Kopf geht? In meiner Vorstellung durchwühlt meine Mutter die Tasche und findet auch noch das Zugticket. Und sie macht mir eine Szene mitten auf der Straße, wird fast ohnmächtig, verlangt Erklärungen, fleht mich an, nicht fortzugehen.

Doch nichts davon ist passiert.

Ich bin weitergegangen bis zur Plaça Major und habe sie überquert, in Richtung des Carrer Verdaguer. Für einen Moment habe ich den leeren, staubigen Vorplatz betrachtet und an meine zielstrebigen Gänge über den Markt gedacht, fast jeden Samstag. Immer samstags während des Schuljahrs und zusätzlich dienstags, wenn Ferien waren. Das unmelodische Geschrei der Verkäufer, die wechselnden Farben der Kleidung, die sie feilbieten, das allgemeine Chaos. Deshalb mein Drang, den Markt nach einem festen System abzulaufen, in s-förmigen Bahnen durch die Gänge, damit mir nichts entgeht.

Nun bin ich aber schon auf dem Carrer Verdaguer unterwegs und kann mir einen gewissen Groll nicht verkneifen – den Groll der Armen, die an den Häusern der Reichen vorbeiläuft oder den Häusern jener, die zumindest im Vergleich mit unseren bescheidenen Mitteln reich wirken. Eine Mischung aus Groll und Faszination für das ganz andere Leben meiner Mitschülerinnen, die Markenjeans tragen und je nach Trend die Frisur wechseln, die im Winter Skifahren gehen und im Sommer Urlaub machen, denen die Eltern Geld geben, damit sie am Wochenende feiern können, und ihnen auch den Führerschein bezahlen; Mädchen, die keine anderen Pflichten haben, als zu lernen.

Was wundert dich daran? Das ist das normale Leben, du bist es, die da nicht hineinpasst, du bist der Eindringling. Du hast eine Mutter, die bei diesen Leuten Hausarbeiten verrichtet und noch dankbar dafür sein sollte, dass sie solche Jobs bekommt, mit ihrem Mittelscheitel, mit der stattlichen Stirn einer Frau aus dem Rifgebirge, mit dem Kopftuch. Sie sind doch wahrhaft großzügig zu euch gewesen, haben euch freundlich aufgenommen. Du hast keinen Grund, dich zu beschweren. Da du ihre Sprache genauso gut sprichst wie sie oder sogar besser, fragen sie dich fast gar nicht mehr, woher du kommst, fast.

Ich habe ihnen allen Lebewohl gesagt, ehe ich auf dem Bahnhofsplatz ankam und in das Gebäude mit den roten Lettern an der verblassten lachsfarbenen Fassade getreten bin.

Mit klopfendem Herzen habe ich am Bahnsteig gewartet. Der Geruch nach Jauche stieg mir plötzlich in die Nase und hat sich nicht wieder verzogen. Ich fragte mich, ob es eine Rache dieser Stadt war, mir die Nase mit ihrem charakteristischen Gestank zu füllen, und ob ich vielleicht nie wirklich von hier fortgehen könnte: Selbst wenn ich weit weg von hier ein ganz anderes Leben hätte, würde immer dieser penetrante Mief an mir haften. Doch dann sah ich, wie ein gelockter Kopf sich durch die Tür schob, und hatte Angst, gesehen zu werden. Ein Marokkaner, einer von denen, die wissen, wer ich bin und was ich wann tue, die mich beobachten und einander dann erzählen, sie hätten mich an diesem oder jenem Ort gesehen; sie berichten es ihren Frauen, und die Frauen sagen es untereinander weiter, bis eine von ihnen bei uns zu Hause vorbeischaut und es ganz beiläufig meiner Mutter mitteilt: Es gibt kein braveres Mädchen als deins, niemals sehen wir sie irgendwelchen Unfug treiben, sie redet mit keinem. Mit keinem soll heißen, mit keinem Mann, denn auch wenn sie mich auf der Straße ansprechen oder mir hinterherlaufen, ich reagiere nie. Mein Ruf ist makellos. Mein Ansehen ist das meiner Mutter.

Ich habe mir vorgestellt, dass einer dieser Lockenköpfe mit Schnurrbart mich auf den Zug warten sieht und wie die Kunde davon ans Ohr meiner Mutter gelangt. Aber das wird nichts mehr bedeuten, ich werde schon weit weg sein, und die Schwätzer sind mir so gleichgültig wie der Eindruck, den ich bei den Marokkanern hinterlasse. Oder bei wem auch immer. Ich werde dann schon eine andere sein, an einem Ort, wo sich niemand darum schert, was ich tue. Und ich werde glücklich sein.

Ich muss nicht noch einmal Erich Fromms *Die Furcht vor der Freiheit* lesen, ich muss mein Verhalten nicht analysieren. Es ist mir gelungen, in den Zug zu steigen, zittrig, ich habe mich an dem verschmutzten Sitz festgeklammert. Ich habe den Muff des schlecht belüfteten Waggons ertragen und mir die ganze Zeit ausgemalt, ich sei eine Romanfigur, nämlich *Laura in der Stadt der Heiligen*, in dem Moment, da sie die verschlossene Stadt hinter sich lässt. Ich sagte mir, es sei schon geschafft, ich sei der Hochebene entronnen. Wäre der Zug schneller gefahren, hätte er nicht auf der Brücke abgebremst und hätte ich mich nicht schon in der Tiefe des steilen Tals voller Bäume gesehen, dann hätte ich mich vielleicht nicht umgedreht.

Dort auf der Brücke, über die keine zwei Züge gleichzeitig fahren können, verfing sich mein Kopf in einer dieser endlosen Spiralen, in die er manchmal hineinrutscht. Ein Gedanke, bloß einer, der sich wiederholt und wiederholt wie ein unablässiger Hammerschlag, und jede Wiederholung fügt ihm ein Detail hinzu, das ihn noch schwerer erträglich macht. Die Spirale lähmt mich und führt mich zugleich zum Abgrund hin. Dass ich ihren Lauf erkenne, mir völlig bewusst bin, wie sie funktioniert, und sie betrachten kann, als stünde ich außen, bedeutet nicht, dass ich etwas gegen sie tun kann. Eher wird sie dadurch noch beklemmender.

Auf der Brücke also sprang mich die dumme Sorge an, dass ich bei meinem Plan, von zu Hause, von meiner Mutter fortzugehen, einen unverzeihlichen Fehler begangen hatte: Ich hatte die gleiche Menge Hefe wie immer in den Brotteig gemischt, anstatt weniger zu nehmen, weil ich doch nicht nach Hause zurückkehren würde. Wenn wir wissen, dass wir längere Zeit weg sind, geben wir weniger Hefe hinzu, damit der Teig langsamer aufgeht, doch heute Morgen habe ich es gemacht wie immer, als wäre ich mittags zurück.

In der Spirale habe ich mir diese Unachtsamkeit vorgeworfen – eine Dummheit von mir, die dazu führen wird, dass meine Mutter, wenn sie am frühen Abend heimkommt, einen aus der Schüssel quellenden Teig vorfindet. Und mit jeder Drehung in meinem Kopf machte ein zweiter Gedanke sich deutlicher bemerkbar: Sollte ich in dieser, der hiesigen Sprache den vollständigen Vorgang des Brotmachens erklären, könnte ich es nicht. Die Worte würden mich im Stich lassen, verdrängt von lauter Wörtern aus der Sprache meiner Mutter, die niemand sonst versteht. Nur mit jemandem, der wäre wie ich, der auch so eine Mutter hätte und diese fremde Sprache beherrschte, sie ebenso verinnerlicht hätte wie ich, so sehr, dass sie zur Hauptsprache seiner Gedanken geworden wäre – nur mit einem solchen Menschen könnte ich reden wie mit mir selbst manchmal, in einem Gemisch aus beiden Sprachen. Und auch wenn ich seit Jahren problemlos mit den Menschen aus dieser Gegend sprechen kann, war ich plötzlich überzeugt, dass mich in der Stadt, in der ich von nun an leben und ich selbst sein wollte, ohne erklären zu müssen, wer ich war, niemand verstehen würde. Nur deshalb, wegen der absurden Spirale in meinem Kopf, beschloss ich, beim nächsten Halt wieder aus dem Zug zu steigen, den Bahnsteig zu wechseln und auf einen anderen Zug zu warten. Um nach Hause zurückzukehren, was in der Sprache meiner Mutter auch ein Wort für sterben ist.

Sobald ich an A dachte, spürte ich einen dumpfen Schmerz in der Brust, eine Last auf meinem Rumpf, unter der ich mich klein fühlte, zu schrumpfen begann, immer weniger wurde. Ich dachte oft an ihn, bloß um mir selbst weh zu tun, um mir etwas aus dem Kopf zu schlagen. Ich hatte mich sperrangelweit geöffnet, war vor ihm aufgeplatzt. Dabei schien meine Haut doch immer fest verschlossen in der Mitte meines Körpers, in einer gedachten Linie, die sich von der Stirn bis zur Scheide zieht, ohne Unterbrechung, und die, wie der Fluss hinter dem Haus meiner Großeltern in ihrem Dorf da unten, an bestimmten Stellen zum Vorschein kommt – etwa vom Bauchnabel abwärts, wo ich ihr folgen kann, kastanienbraun, klar konturiert, bebend.

Es ist die Linie, die unsere Frauen (unsere? Sprichst du jetzt wie sie? Als wärst du eine von ihnen?) sich in die Mitte der Stirn und in die Mitte des Kinns tätowieren ließen, die Kühnsten hinab bis zum Brustansatz. Sie ließen sich tätowieren, als sie glückliche und analphabetische Musliminnen waren, die sich auf die Religion des Propheten ihren eigenen Reim machten, eine Mischung aus heidnischen und islamischen Riten. Heute tätowieren sie sich nicht mehr, weil die Experten im Fernsehen ihnen gesagt haben, das sei ein sündhafter, verbotener Brauch, *haram*. Und nicht nur hörten sie auf, sich die letzten Reste einer Sprache einzustechen, die seit Jahrhunderten nur noch auf ihrer Haut geschrieben wurde, sondern manche von ihnen haben sich schmerzhaften Prozeduren unterzogen, um die Zeichnungen zu tilgen, mit denen sie sich in jungen Jahren schmückten.

Meine Mutter war nie tätowiert, ich schon gar nicht, doch die Linie, die ich mir vorstelle, sehe ich deutlich, sie überzieht mich von oben bis unten. Wie eine Narbe, die sich irgendwann auf mir schloss, um mich so zu machen, wie ich bin, mit vielen Dingen in mir, die nur noch unter besonderen Umständen nach außen dringen.

Ich glaube, dass es früher einmal, vor vielen Jahren, umgekehrt war: Da begleitete mich meine Haut, sie beschirmte mich, umhüllte mich angenehm, gab mir Kraft und Schwung, um bis ans Ende der Welt zu gehen, als wäre alles für mich erreichbar, als könnte ich überall hin. Doch in einem Moment, an den ich mich nicht erinnern kann, hat diese Haut mich eingeschlossen, zu meinem Schutz.

Nur ein einziges Mal habe ich sie an der Linie entlang aufgerissen und sie mir abgestreift, um A alles zu zeigen, was unter ihr verborgen lag. Nimm, schau, das ist, was ich habe, was ich bin, was ich gerne wäre, was mir Angst und was mich glücklich macht, was ich beweine und was ich vermisse und was ich ersehne. Alles ist hier drin, so, wie du es siehst.

Und er, der mich wollte, wollte mich nicht so, nicht in dieser unerträglichen Intensität. Und ich, als sei nichts gewesen, habe meine Haut wieder verschlossen. Das einzige, was mir von all dem geblieben ist, ist ein anderes Bild von meinem Körper – dass ich mich, neben der Narbe als meiner Mittellinie, nie mehr ohne eine tiefe Wunde oben im Kopf sehe. Manchmal taste ich danach, erwarte sie zu finden, angefüllt mit dickflüssigem Blut.

Davon hat A selbstverständlich nie erfahren, und beim letzten Mal, als wir uns sahen, verabschiedeten wir uns wie immer, nachdem wir uns stundenlang über Minnedichtung unterhalten hatten. A und ich sind Fachleute der Liebe, will sagen: in der Theorie. Nun ja, ich bin die Theoretikerin, er hat noch sein anderes Leben, ein glückliches, wohlgeordnetes Leben, über das wir nie sprechen.

Wenn ich mir wehtun wollte, rief ich diese Gedanken auf. Nicht, um mich selbst zu bemitleiden, sondern um mir einen Schmerz gegenwärtig zu machen, der mir als Strafe diente für alles, was ich getan, und für alles, was ich nicht getan hatte.

Ich stand still vor dem Spiegel und gab mich diesen Gedanken hin, um meine Tatenlosigkeit zu rechtfertigen angesichts dessen, was um mich herum geschah: wie über mich entschieden wurde und ich so tat, als ginge es um jemand anders. Du wirst nie mutig sein, sagte ich mir, im Bad eingeschlossen, denn er wollte dich nicht. Und der Spiegel zeigte mir das Gesicht einer hageren Unbekannten, mit hervorstehenden Wangenknochen und dunklen Lippen.

Ich kämmte mir die Haare glatt. Endlich waren sie gezähmt. Hätte mich jemand damals kennengelernt, er hätte nicht geglaubt, dass ich unbändige Locken hatte, die mein Gesicht umrahmten wie ein Haufen Feuerholz. Nun nicht mehr – nach all der Chemie, den Weichmachern und den Cremes, dem Dauereinsatz von Föhn und Glätteisen, hatte ich glattes Haar, ohne Probleme. Süß und brav. So wie es meine Mutter immer für mich erträumt hatte, unser geteiltes Ideal, unser gemeinsamer Kampf gegen das krause Erbe.

Ich hörte auf, mich anzusehen, und setzte mich wieder auf die Toilette, nahm das Buch *Also sprach Zarathustra* zur Hand. Ich lachte über mich selbst, sehr passend, deine Lektüre. Meine Situation kommt mir wie eine Schlagzeile vor: Marokkanisches (?) Mädchen liest Nietzsche auf dem Klo und unternimmt absolut nichts, um selbst über ihr Leben zu entscheiden.

Ich lege das Buch weg, es kommt mir vor wie das Werk eines Irren – eher ein eigentümliches und krankhaftes Delirium als ein nachvollziehbarer Ansatz, die menschliche Natur zu begreifen –, und folge einmal mehr mit dem Finger der Linie in der Mitte meines Körpers. Da ich immer am Kinn beginne, endet es fast jedes Mal damit, dass ich mich zum Orgasmus bringe. Die Idee verlockt mich. Als säßen keine Gäste im Wohnzimmer.

Gegen viertel nach vier am Nachmittag hatte es an der Tür geklingelt, und meine Mutter war aus dem Bett gesprungen wie eine kaputte Feder. Ihre Mittagsruhe ist heilig. Egal, was passiert, ob in guten oder schlimmen Zeiten, ob es heiß ist oder kalt, ob wir alle *Baraka* der Welt haben oder ein elendes Dasein fristen. Gleich, ob zufrieden oder traurig, müde oder übermütig: Eine Weile nach dem Mittagessen, wenn sie sich zum Gebet gewaschen, ein bisschen Geschirr abgeräumt hatte und mich den Rest erledigen ließ, begab sich meine Mutter in ihr Bett, legte sich auf die Seite, mit angezogenen Knien, und schob eine Hand unter ihr Kopfkissen. Sie schloss die Augen, und schon war sie weg; sie schlief sofort ein, und ihr Atem nahm einen langsamen, friedlichen Takt an.

Als es geklingelt hatte, malte ich mir aus, wie sie aufsprang und das Wichtigste zuerst tat – die Hände zum Kopf zu führen und zu prüfen, wo das Tuch gelandet war in der Phase ohne Kontrolle, die der Schlaf bedeutete. Gewiss hatte sie schnell und geschickt den Knoten im Nacken gelöst und den Stoff wieder über ihr Haar gezogen, nur zwei Finger breit frei gelassen, als Hinweis auf die Pracht ihres Hauptes.

Ehe sie die Tür öffnete, hatte sie mir noch zugerufen, ich solle Wasser aufsetzen, und ich, auf die *Mtarbath* im Wohnzimmer gefläzt, in die Lektüre des Romans *Ramona, adéu* vertieft, tastete mit den Füßen nach meinen Hausschuhen, die, wenn ich die Beine auf den warmen Schaumstoffpolstern ausstreckte, die Gewohnheit hatten, sich auf dem Boden in zwei verschiedene Richtungen zu drehen. Ich griff nach keinem Kopftuch, das würde nie meine Geste sein. Ich rückte die großen, samtigen Kissen an der Wand zurecht, deren Stickereien so marokkanisch waren wie die Muster auf dem Geschirr made in China.

Ich hatte den Wasserkocher gefüllt und die Minze Zweig für Zweig aus dem Strauß gepflückt, hatte die schwärzlichen Enden der Stiele abgeschnitten, den Bund unters Wasser gehalten und ihn dann kräftig über der Spüle ausgeschüttelt. Im Wohnzimmer hörte ich die Damen schnattern, eine Litanei, die sich jedes Mal wiederholte, wenn sie sich trafen. Sie nahmen einander bei den Händen und hoben sie in Kinnhöhe, während sie sich Küsschen gaben. Eins auf die Wange, eins auf die andere und noch eins und noch eins und alle, die es sein sollten. Die schmatzenden Küsse unserer Frauen, endlos, wenn sie sich lange nicht gesehen hatten, knapper, wenn sie sich oft trafen, aber immer mehrere davon, Lippen, die gegen Wangen schnalzten oder in die Luft, während sich mit jeder Bewegung die Formeln wiederholten, die sie austauschten, ohne einander je ins Wort zu fallen, aber auch ohne dass ein Augenblick der Stille eintrat: Wie geht's dir? *Labas? Milch?* Wie geht's der Familie? Was macht die Gesundheit? Und so weiter und so fort. Nichts als Fragen, nur damit am Ende alle Antworten in einer einzigen Antwort zusammengefasst werden konnten: Gott sei Dank. *Lhamdu li-Llah.* Alles ist gut, denn alles ist Gottes Wille. Warum aber vergeudet ihr dann die Zeit mit euren Fragen? Wozu all die leere, sinnlose Litanei?

Ich bin in dieser Hinsicht immer eine miserable Begrüßerin gewesen. Ich frage nicht zurück, ich schüttele den Damen die

Hand, gebe bloß das Minimum an Küsschen, das ihr energisches Hin-und-Her mir abverlangt, und erkundige mich nur widerwillig, wie es ihnen geht. Das Schlimmste ist, ich bin außerstande, Gott sei Dank zu sagen. Dank wofür denn? Wer ist Gott? Und wo? Woher wisst ihr, dass es ihn gibt? Seht ihr nicht, dass das Ganze nichts weiter ist als eine Erfindung von Leuten, die seit Jahrhunderten erstens einen Sinn in ihrem Dasein finden wollen und zweitens darauf aus sind, euch zu beherrschen, ihr armen verblendeten Analphabetinnen, euch und uns alle, die wir auch nur ein bisschen Angst vor dem Leben haben?

Aber dergleichen sage ich ihnen natürlich nicht, den mit Stoff umwickelten Frauen, die in allem, was sie erzählen, eine moralische Lehre sehen, einen Grund mehr, Gott oder wen auch immer zu fürchten. Ich begnüge mich damit, dass ich mir schon vor einiger Zeit alle Worte in unserer-ihrer Sprache abgewöhnt habe, die auf dieses höhere und höchste und mir vollkommen fremde Wesen Bezug nehmen. Ich sage nicht *Bi ismi Allah*, im Namen Gottes, ehe ich zu essen beginne, sage nicht *Inschallah*, wenn ich mir etwas wünsche, nicht *Istagfiru Allah*, wenn jemand niest. Und schon gar nicht gehen mir irgendwelche Beschwörungen über die Lippen, dass Gott dir etwas geben oder dass er dich strafen möge. Der Reichtum meiner Sprache schrumpfte zusammen, sobald ich aufhörte, an Gott zu glauben. Seither brauche ich nur noch halb so viele Wörter, um etwas zu sagen.

All das denke ich, während meine Mutter und ich die Damen begrüßen, ihnen die Djellabas abnehmen, derer sie sich beim Eintreten entledigen, und sie ins Wohnzimmer begleiten. Tschüs, *Ramona, adéu* – darf ich vorstellen? Montserrat Roig, große katalanische Schriftstellerin des 20. Jahrhunderts: die Frauen aus meinem Dorf. Ich lache in mich hinein, lege das Buch weg und schaue mir dabei an, wie die Damen schnattern.

Eigentlich höre ich ihnen gerne zu. Wenn ich mit ihnen über manche Dinge nicht reden, geschweige denn streiten kann, und wenn es unmöglich ist, vor ihnen irgendeine der Fragen aufzuwerfen, die mich wirklich bewegen, dann ist das kein Hindernis an sich, denn es ist mein Leben lang so gewesen, es ist die Art des Umgangs mit ihnen, die ich eingeübt habe. Für jede ein paar freundliche Worte, die Namen nicht durcheinanderbringen, und alle sind zufrieden.

Ja, ich höre ihnen gerne zu, ohne wirklich mitzureden; sie sind wie ein Buch, das fertig geschrieben ist und in dem du nichts mehr ändern kannst. Ich mag es, wie sie sich beruhigen, wie sich die anfängliche Aufregung legt und der Rhythmus ihrer Atemzüge, noch beschleunigt vom Gang durch die Straßen, gemächlicher wird.

Iwa? Iwa. Diese *Iwas* wiederholen sich, bis alle Platz genommen haben, bis Gäste und Gastgeberinnen zusammen ein festes Bild ergeben. Da sind wir nun, sagt eine, *Lhamdu li-llah*, erwidert die nächste. Das ist mein Stichwort, ich gehe in die Küche und versamle auf dem Tablett mit der Inschrift *ahlan wa sahlan* die kleinen Gläser, die Teekanne (diesmal ist Teekanne das richtige Wort, eine Kanne randvoll mit Tee, kein Zweifel), das Tellerchen mit Gebäck und die Mandeln (nicht etwa die vulgären Erdnüsse, mit denen wir uns begnügen mussten, als wir wirklich arm waren).

Komm, komm. Setz dich, Mädchen, wir brauchen nichts, bei Gott, ich sage dir, das ist nicht nötig. Wir haben gerade erst zu Mittag gegessen.

Meine Mutter entgegnet, es sei nur eine Kanne Tee, die werde ihnen nicht schaden und ihnen helfen, sich vom Weg hierher zu erholen. Sie aber rufen weiter nach mir, ich solle mich doch bitte zu ihnen setzen, mir bloß keine Umstände machen.

Ehe ich mich setze, stelle ich das Tablett auf dem Tisch ab, der ebenfalls aus Resopal ist, aber aus marokkanischem Resopal, gekauft bei einem der Händler, die manchmal mit ihren zerbeulten Lieferwagen in die Stadt kommen. Die Damen erzählen, wie sie bei weiß nicht wem zu Besuch waren, bei einer anderen Dame, wie immer habe ich keinen Schimmer, um wen es sich handelt, es interessiert mich auch nicht. Dass nämlich deren Schwiegervater gestorben sei, unten im Dorf, und der Kondolenzbesuch ist Pflicht. Da die beiden, die Dame und ihr Ehemann, jedoch nach der Hochzeit in eine kleine Stadtwohnung gezogen seien, habe sie den Schwiegervater kaum gekannt. Sie habe ihn als ernsten und verschlossenen Mann erlebt, aber wenig Umgang mit ihm gehabt. Nur am Anfang, da habe er ihnen bittere Vorwürfe gemacht, weil sie dem Haus der Familie, dem *Campu*, in dem doch für jedes Kind ein Zimmer vorgesehen war, den Rücken kehrten und für sich leben wollten. Hat man so was schon gehört? Und später, als der Sohn auswanderte und sie nicht alleine in der Stadt bleiben konnte – über eine Frau, die alleine wohnt, gibt es immer Gerede, ob begründet oder nicht –, da ist sie, anstatt zu den Schwiegereltern zu ziehen, zurück zu ihren eigenen Eltern gegangen, die auch in der Stadt lebten.

Meine Mutter schaltet sich ein: Das Leben auf dem Land ist langweilig und hart, vor allem, wenn man es nicht gewohnt ist. Frauen aus der Stadt fällt diese Umstellung sehr schwer, zumal in der heutigen Zeit, kein Strom und nichts.

Ja, erwidert eine der Damen, nicht mal Strom, und zum Waschen an den Fluss, der voller Krötenpipi ist.

Da brechen sie in Gelächter aus, was sagst du da?

Und ob, meine Liebe, willst du so tun, als wüsstest du es nicht? Damals, als du noch dort warst, hast du es nicht gemerkt, weil du dir gar kein anderes Leben vorstellen konntest, aber von hier aus betrachtet ...

Nun fangen sie an, von alten Zeiten zu reden, jede setzt da ein, wo etwas sie bewegt – von den Zeiten da unten, von der fernen Kindheit und Jugend; jede von ihnen fängt mit ihrem Rückblick an irgendeinem Punkt an, der zufällig wirkt, doch nie willkürlich ist, oft birgt er einen vernarbten innerlichen Schmerz.

Während sie reden, denke ich an die hastige Sprechweise der Mundeta in Montserrat Roigs Roman und finde es schade, dass niemand je die hastige Sprechweise dieser Damen in einem Buch festhalten wird; aus dem schlichten Grund, weil ihr Sprechen so anders ist als alles, was auf Papier stehen kann; weil es sich durch die Luft überträgt, ohne irgendwelche Spuren zu hinterlassen.

Ich hänge meinen Gedanken nach, folge aber weiter mit halbem Gehör ihrer Unterhaltung, die zum Hintergrundgeräusch wird. Auch ohne es zu wollen, bekomme ich alles mit, und wenn ich später irgendetwas von dem, was sie gesagt haben, wissen muss, werde ich es im Gedächtnis haben, als hätte ich genau zugehört. So ist es bei mir immer schon gewesen, und deshalb kann ich mich an viele Gespräche, die in meiner Anwesenheit geführt wurden, noch Jahre später exakt erinnern, selbst wenn ich ihren Inhalt damals kaum verstand.

Heute verstehe ich sie natürlich, die Glucken, doch mir wird eng unter ihnen. So sehr ich ihre Geschichten mag, ihre säuberlichen Schilderungen des Landlebens, auf Dauer kommen sie mir doch bedrückend vor, und indem ich innerlich abschweife, gelingt es mir, bei ihnen zu bleiben, ohne mich eingesperrt zu fühlen. Bis eine von ihnen in die Gegenwart zurückkehrt und mich anspricht, sich nach dem »Thema« erkundigt, das der eigentliche Grund ihres Besuchs sein dürfte.

Glückwunsch, Mädchen, was für eine Überraschung! Wir hätten ja nicht gedacht, dass du es so früh tun würdest, wir waren uns sicher, du würdest vorher noch studieren.

Ich bemühe mich, bei meiner Antwort glaubwürdig zu klingen: Ich werde auch studieren, aber später.

Und meine Mutter, die ihre Freude nicht verhehlen kann: So haben wir es mit meinem Bruder vereinbart. Ich habe ihm gesagt, meine Tochter ist sehr intelligent und war immer eine hervorragende Schülerin. Es ist nichts Schlechtes daran, als verheiratete Frau zu studieren, hat er mir gesagt.

Nein, gar nicht, bekräftigt eine der anderen: Studieren oder Arbeiten ist nicht das Problem, das Problem ist, ob die Frau sich verhält, wie sie soll, oder nicht. Wenn sie eine *Faq schger* ist, ein leichtes Mädchen, dann ist sie es im Haus und auch draußen. Deine Tochter aber ist nie vom rechten Weg abgewichen; wenn sie eines ist, dann ruhig und anständig.

Meine Mutter will sich die Hauptrolle nicht von einer der Eingeladenen abnehmen lassen und beeilt sich, Einzelheiten zu meiner Verlobung bekannt zu geben. Es kommt mir vor, als wäre von jemand anders die Rede, auch wenn mein Herz so heftig schlägt, dass ich schon denke, sie müssten es alle hören. Nach und nach blende ich die Stimme meiner Mutter immer weiter aus: Dies und jenes, ja, sie wird schon Zeit zum Studieren haben, blablabla, es ist nicht gut, wenn ein Mädchen spät heiratet, und sie wird ja schon 19, und so weiter und so fort, mein Neffe ist ein vorbildlicher Mensch, trallala, trallali, und ob wir die Hochzeit feiern, wie es sich gehört ... Als von dem, was sie sagt, nur noch einzelne Wörter an mein Ohr dringen, stehe ich abrupt auf, gehe ins Bad, schließe mich ein und greife nach dem Zarathustra-Buch. Das mir nichts nutzt. Und wenn ich mich zum Orgasmus bringe, hören sie mich vielleicht wirklich.

Beim Blick in den Spiegel sage ich mir: Es ist nicht so schlimm, es ist keine große Sache. Eine reine Zweckehe ist es nicht, denn sie haben dich gefragt, und du hast gesagt, ja, warum nicht. Genauer gesagt, fragen sie dich seit deiner Kindheit. Er hat dich ins Herz geschlossen, der Bruder deiner Mutter, schon als du noch klein warst, beschloss er, dass du die Richtige wärst für seinen Driss, einen Jungen, der damals schon auf die 20 zuging. Driss war dir nicht unsympathisch, du fandest ihn nett, du kanntest ihn! Was willst du mehr? Wie viele Frauen aus deinem Dorf haben das Privileg genossen, jemanden zu heiraten, den sie kannten? Seine Eltern haben dich immer wie eine Prinzessin behandelt, sie haben dir einen Goldring zur Geburt geschenkt.

Außerdem, gibt es nicht viele Zweckehen, aus denen doch noch Liebe wurde? Kann dieses reichlich überschätzte Gefühl sich nicht aus einem angenehmen Zusammenleben ergeben? Es ist egal, ob du Nietzsche oder Erich Fromm liest. *Die Kunst des Liebens?* Die wirst du schon ausüben, wenn du in Ruhe verheiratet bist, ohne all diese Leute, die sich schon so lange um dich Sorgen machen, um deinen guten Ruf, um das Ansehen deiner Mutter, die mit dir alleine ist, um deine Jungfräulichkeit, deine Ehre. Sobald du verheiratet bist, lassen sie dich in Ruhe, und du kannst endlich machen, was du willst. Arbeiten, studieren, was du willst. Dann musst du nichts mehr beweisen.

All das sage ich mir beim Blick in den Spiegel, während ich meine Haut prüfe, gerötet über den Wangenknochen, die hervorstehen und nicht so stattlich sind wie die meiner Mutter. All das hat nichts zu tun mit der Wunde, weder mit der in der Mitte meines Körpers noch mit der von A im Kopf. Ich bin es, die entscheidet, er hat damit nichts zu tun. Ich blicke mir in die Augen und wiederhole es: Heirate, und du bist frei. Heirate, und deine Mutter ist frei.

Ich habe den Ort gewechselt, das Land, den Kontinent. Ich habe die gepflasterten Altstadtgassen einer alten Stadt gegen diese scheinbar alterslosen, staubigen Felder eingetauscht. Ich schaue in den Spiegel und stelle fest, ich bin dieselbe geblieben – nach all den Kilometern im Auto (zusammen mit einer Familie, die Karre bis zum Bersten vollgepackt), nach einer ganzen Nacht auf der Fähre, nach dem Passieren zweier Grenzen und eines Streifens Niemandsland dazwischen, nach ein paar weiteren Kilometern bis zu dem Haus aus Luftziegeln, wie sie jetzt in Mode sind, nach den überschwänglichen Begrüßungen von zig Verwandten und von Nachbarinnen, an die ich mich gar nicht mehr erinnern konnte, und obwohl ich die ganze Zeit nur noch die Sprache meiner Mutter gesprochen habe: Ich habe mich kein bisschen verändert, bin immer noch dieselbe Person.

Das Tuch, das ich mir um den Kopf gebunden habe, und die *Qandura* sind Accessoires, die nichts bedeuten, ich trage sie nur, um nicht zu stören, nicht unangenehm aufzufallen. Natürlich wissen alle in meiner Familie, dass wir uns dort im Ausland kleiden wie die *Thirumiin*, die Christinnen, doch sie erwarten, dass wir uns hier wieder den Gepflogenheiten anpassen – vor allem ich als junge Frau, die sich hierher begeben hat, um die Ehe einzugehen. Man soll sehen, dass ich weiß, wie mein neues Leben als Mustergattin zu sein hat, man soll nicht sagen, ich sei ein leichtes Mädchen, weil ich unter Ungläubigen lebe, es soll kein Zweifel daran aufkommen, dass ich mich so verhalte, wie es sich gehört. Das ist, was alle von mir erwarten, und diese

Ferienwochen werden Wochen der Verstellung sein, ich werde mich zurückhaltend und keusch geben, werde mich an all die Regeln halten, die ein gutes Mädchen zu befolgen hat. Ich werde beweisen, dass meine Mutter, ganz auf sich allein gestellt und in der Fremde, nicht zugelassen hat, dass ich mich verirre, dass ich vom rechten Weg abkomme.

Ich betrachte mich in diesem kleinen Spiegel mit einem Rahmen aus dunkelrot lackiertem Holz, verziert mit Blümchen, ein Spiegel, der ein paar Handbreit über dem blauen Waschsockel hängt, nach vorn geneigt, und ich kann darin niemanden sehen, der nicht ich selbst bin – eine, die deutsche Philosophen liest und Romane und die in einer Sprache denkt, die die Menschen hier noch nie gehört haben und niemals hören werden.

Ich vermisse einfache Dinge, wie die Wasserhähne, die man bloß aufdrehen muss, auch wenn ich zugleich Gefallen daran finde, in ein Leben zurückzukehren, das einmal meines gewesen ist, ein Leben, das ohne uns weiterging, als wir diesen Ort verließen. Dies ist ein modernes Haus für hiesige Verhältnisse, die Zimmer sind mit Fliesen ausgelegt, auf denen barfuß zu gehen sehr angenehm ist. Bist du verrückt?, fragt mich meine Cousine, als sie sieht, wie ich die Plastikschlappen stehen lasse und meine Füße auf den einzigen Streifen Fußboden setze, der nicht mit ebenfalls aus Plastik bestehenden Teppichen bedeckt ist. Du wirst dir den Bauch verkühlen, geh nicht barfuß.

Wie soll ich diesem Mädchen, das hier aufgewachsen ist, das nie zur Schule ging, Ziegen hütet und Kleider im Fluss wäscht, erklären, wie gerne ich den kühlen Stein unter den Fußsohlen spüre, welch seltsame Lust mir dabei durch den ganzen Körper strömt? Lust? Dafür kenne ich in der Sprache meiner Mutter nicht einmal das Wort. Weiß nicht einmal, ob es in der Sprache meine Mutter überhaupt existiert. Weder

Lust noch Wonne noch Ekstase, nichts davon. Schon gar nicht Orgasmus. Wie soll ich ihr begreiflich machen, dass ich an so vielen seltsamen und ungewöhnlichen Dingen Freude finde? An kleinen Dingen, die anderen Leuten gar nicht auffallen, und dass ich Angst habe, ich könnte eines Tages überlaufen, aus der Haut fahren, aber nicht vor Wut, sondern aus purer Lust. So bin ich, das bin ich.

Auf einmal komme ich mir wortlos vor, aus der Sprache abgeschoben. Im Spiegel sehe ich mich weit weg von hier – ich bin dieselbe, ich passe mich nicht an, füge mich nicht ein in diesen Alltag, auch wenn ich *Qandura* und Kopftuch trage. Dabei ist es doch meine Familie, sie lieben mich und behandeln mich, als sei ich von allen Anwesenden die wichtigste. Aus abgelegenen Weilern reisen sie an, um mich und meine Mutter zu sehen; ich wüsste nicht einmal, wo ich diese Orte auf einer Karte zu suchen hätte, ich habe keine Ahnung von der hiesigen Geografie, und wenn sie mir von Städten und Dörfern erzählen, kann ich mir deren Lage höchstens abstrakt vorstellen, vielleicht ähnlich wie diese Frauen selbst, die nie Lesen und Schreiben gelernt haben und außerstande wären, »ihre Gegend« auf einer Landkarte zu zeigen. Wie sieht ein Denken ohne Geografie aus?

Der Innenhof ist betoniert worden, damit ist er leichter sauber zu halten und auch praktischer, um die Spülwannen für das Geschirr aufzustellen. So macht man es jetzt in den alten Häusern, die noch einen Hof in der Mitte haben und die Zimmer und die Küche drum herum. Wir sind nicht wohlhabend genug geworden, um uns einen der grauenhaften gelb gestrichenen Neubauten zu leisten, wie sie hier und da errichtet werden, die Häuser von Emigranten, die in wirklich reiche Länder gezogen sind, jenseits der Pyrenäen, und nicht wie wir an einen Ort, wo die Leute bis vor kurzem noch selbst Hunger litten.

Mir gefiel der alte Lehmboden besser, und ich mochte den Kaninchenbau unter der kleinen Scheune, aber den haben sie zugeschüttet, damit dort keine Kaninchen mehr nisten. Auch vermisse ich den zarten Schein der Petroleumlichter, die nach Sonnenuntergang entzündet und im Haus hin und her getragen wurden. Aber es ist egal, was ich hier von früher vermisse, ich habe kein Recht dazu, bin ja fortgegangen schon vor langer Zeit. Ich bin nicht von hier, ich lebe in einer bequemen europäischen Wohnung, voller Annehmlichkeiten wie Waschmaschine und Wischmop. Wenn ich zu meiner Cousine, die in diesen Tagen meine Vertraute geworden ist, sage, dass mir die traditionellen Häuser besser gefallen als die neuen, lacht sie laut und antwortet, wenn ich hier lebte, würde ich das anders sehen. Und auf einmal schäme ich mich meines privilegierten Daseins, meiner nebensächlichen, abstrakten Probleme.

Alle sind in die Stadt gefahren, auch meine Mutter, nur meine Cousine und ich sind zurückgeblieben, um die Kinder zu hüten. Es sind dünne, aufgeweckte Kinder, sie stellen Fragen, die ich nicht erwartet hätte. Wir müssen ihnen das Abendessen machen, und seit meine Mutter mir das mitgeteilt hat, zittere ich. In meinem Alter sind die Mädchen hier schon verheiratet und haben selbst Kinder, kochen ihnen täglich das Mittag- und Abendessen, putzen, waschen, haben ihre tägliche Hausarbeitsroutine, die ihnen niemand abnimmt. Meine Mutter wollte immer, dass ich dazu auch imstande wäre, dass aus mir eine gute Hausfrau würde, und von klein auf bekam ich immer wieder von ihr zu hören: »In deinem Alter hatte ich ...«

Das Anliegen war stets dasselbe – wenn ich heiraten und im Haus »eines Anderen« leben würde, sollte es nie Grund zur Klage über mich geben, nie sollte gesagt werden können, ich sei nicht Frau genug, ich sei schlecht erzogen worden. Wenn meine künftigen Schwiegereltern gut von mir sprächen, würden sie gut von ihr sprechen. Ich habe stets geschwiegen, wenn sie diesen Sermon losließ, doch die Zeiten haben sich geändert, ich tauge zu weit mehr als bloß zur Hausarbeit, und ich hatte nie vor, bei meinen Schwiegereltern einzuziehen, so wie es unsere Mütter und Großmütter getan haben. Mein Leben wird ein anderes sein.

Und nun, da wir wissen, dass meine Schwiegereltern ihr Bruder und seine Frau sein werden, also Menschen, die wir ein Leben lang kennen, braucht sie sich auch keine Sorgen mehr zu machen, ob sie mich für gut erzogen halten. In Wahrheit habe ich, wenn sie mich ermahnte, mich auf später vorzubereiten, und was werden sie sagen, wenn du kochen musst und dir die Bücher nichts mehr nutzen, immer geglaubt, das werde auf keinen Fall mein Leben sein, ich würde weder heiraten noch Kinder bekommen, ich würde weder eine gute noch eine schlechte Ehefrau sein, sondern gar keine und Punkt.

Bei einem der Teekränzchen, die sie zu Hause mit den anderen Damen abhielt und bei dem sie sich lang und breit über gescheiterte Ehefrauen ausließen und welche Schande diese über ihre Familien gebracht hätten, *rfdiheth, aiaw a rfdiheth*, nutzte meine Mutter die Gelegenheit, um die Sprache auf mich zu bringen und den Damen meinen Fall zur Begutachtung vorzulegen. Den ganzen Tag steckt sie ihre Nase in Bücher, ich weiß nicht, was sie davon hat, man verliert doch den Verstand, wenn man zu viel liest. Und ich sage ihr: Was machst du an dem Tag, an dem dein Mann sein Mittagessen will? Schaust du dann in einem Buch nach, wie das geht?

Da lachten sie alle, die nicht lesen und schreiben können, glücklich, weil ihr Analphabetismus die beste Voraussetzung für die ihnen zugewiesene Rolle war, und außerstande sich vorzustellen, dass es auch anders sein könnte.

Anfangs, als ich noch nicht einmal die Periode hatte, beschämte mich die Vorstellung von der Ehe, von einem Ehemann, von dem, was jede Nacht im Dunkeln geschehen konnte zwischen zwei Verheirateten, und um derlei peinigende Gedanken zu verscheuchen, bemühte ich mich, meine Empörung deutlich zu machen: Niemals werde ich heiraten, hört ihr mich? Ich bin doch nicht verrückt.

Darüber lachten sie natürlich, die Vorstellung war ja völlig absurd.

Wie meinst du das, du wirst nicht heiraten? Alle heiraten.

Das stimmt nicht, es heiraten nicht alle, und ich habe es nicht vor. Ihr verbringt euer Leben damit, von euren Männern zu reden, und von Männern im Allgemeinen, und keiner von denen kommt dabei gut weg. Ihr verheimlicht ihnen Dinge, weil ihnen nicht zu trauen ist, weil sie der Feind sind, weil sie mit euch schimpfen, euch bestrafen, euch sogar verprügeln können – ihr verbringt euer Leben damit, zu erzählen, wie schlecht die Männer sind, und ihr wollt, dass ich heirate?

Meine Mutter brachte mich zum Schweigen: Was fällt dir ein, Mädchen, schämst du dich nicht?

Im Gegenteil, dachte ich: Wenn ich mich für etwas schäme, dann für eure Lebenseinstellung.

Ich hatte also kein Interesse daran, eine Frau zu werden, wie es sich gehört. Vor einiger Zeit begann ich dennoch, ein paar der Arbeiten zu übernehmen, die meine Mutter mir zuwies. Ich kann kochen, auch wenn sie sagt, mein Eintopf sehe aus wie Hundekotze, ich kann Brot machen, auch wenn ich mich manchmal mit der Gärzeit verschätze und es zu sauer wird oder nicht fluffig genug.

Hier im Dorf aber werde ich bei allem, was ich tun soll, nervös und habe das Gefühl, ich müsse eine Prüfung bestehen. Ich möchte ihnen gefallen, möchte, dass sie mich für gut erzogen halten und meine Fertigkeiten bewundern, aber ich weiß, mit Mädchen wie meiner Cousine kann ich nicht mithalten – Mädchen, die viel jünger sind als ich, erst zehn oder elf, die aber nie etwas anderes getan haben als Hausarbeit. Deshalb gerate ich ins Schwitzen, als ich das Abendessen für die Kinder zubereiten soll, diese hungrigen Kinder, die immer unruhiger werden, je näher die Essenszeit rückt.

Macht einfach Bratkartoffeln, hat meine Mutter gesagt. Bratkartoffeln habe ich oft gemacht, aber nun zittert mir die Hand, als ich zum Messer greife. Ich fürchte, dass ich sie zu grob schäle, denke daran, wie sich kürzlich erst eine meiner Tanten beschwerte, ich würde zu viel abschneiden, das sei Verschwendung. Ich fürchte, dass ich die Scheiben nicht gleichmäßig genug hinbekomme, dass manche mir zu dick geraten und nicht knusprig werden. Ich habe oft Bratkartoffeln gemacht, aber jetzt fühlt es sich an, als sei es das erste Mal.

Meine Cousine sieht mir zu. Sie ist meine Vertraute, aber sie ist auch geschwätzig und neidisch, und wenn ich mich bei etwas so Banalem ungeschickt anstelle, wird sie sich zweifellos das Maul zerreißen. Immer wieder fragt sie mich, ob ich glücklich bin. Du musst ja glücklich sein, fügt sie hinzu. Driss war ein sehr begehrter Mann, ich an deiner Stelle würde mich beeilen, ihm seine Papiere zu besorgen, er hat hier viele Verlockungen.

Mir fällt ein, dass ich gar nicht weiß, ob mein Cousin auch zum Abendessen kommt.

Das glaube ich nicht, erwidert meine Cousine, er isst meistens ein *Boqadio* im Laden. Die Jungs haben diesen Tick, dass sie lieber auswärts essen.

Während sich das Öl erhitzt, hole ich ein Tablett und denke daran, dass ich sonst nie Bratkartoffeln esse. Mir tritt die Nährwerttabelle vor Augen, der Unterschied von hunderten Kalorien zwischen gekochten und gebratenen Kartoffeln, der von dem widerlichen Fett in der Pfanne herrührt. Zudem wird hier alles mit Brot gegessen – auch die Kartoffeln, man reißt Fetzen vom Brot und greift sie sich damit. Wenn ich stattdessen eine Gabel benutze, finden die Leute hier, dass das schlechte Manieren seien, typisch für die verzogenen Kinder, die im Ausland aufgewachsen sind. Nur den Kleinsten gesteht man es zu, von einem eigenen Teller und mit der Gabel zu essen. Das noch zu tun, wenn man schon wissen sollte, wie man mit den Fingern isst, gilt als ungehörig.

Dieses simple und dumme Abendessen stellt mich also vor gleich zwei Probleme: das Öl, das die Kartoffeln in sich aufsaugen, und das Brot, mit dem ich sie greifen soll. Wenn es Gerstenbrot gibt, wie hier auf dem Land seit jeher üblich, und nicht diese weißen Baguettes aus der Stadt oder gar die *Buyo*-Brötchen, dann geht es noch. Aber das Öl … das ist auf jeden Fall zu viel, das kann ich mir nicht erlauben. Seit wir hier angekommen sind, tun wir nichts anderes als herumzusitzen und zu essen. Die Leute laden uns zu sich nach Hause ein, lassen uns Platz nehmen und tragen ein Gericht nach dem anderen auf. Alles mit Brot. Ich bin sofort satt, versuche mich an das leichte Gemüse zu halten, die Kartoffeln und das Fett zu vermeiden, aber die Frauen drängen. Iss, Mädchen, iss. Wenn ich sage, dass ich schon genug habe, drängen sie noch mehr und sind beleidigt. Dafür, dass ich im Ausland lebte, sei ich sehr dünn, sagen sie, ich müsse dringend ein bisschen zulegen. Ich lache innerlich, beim Gedanken an meine Läufe durch die Felder in der Stadt der Jauche, an all die Übungen, die ich mache, an meine ständige Diät. Ich sehe sie mir an, dick sind sie, jede von ihnen hat lauter Speckfalten, die sich unter dem Stoff abzeichnen. Ich soll werden wie ihr, was?

Wenn sie feststellen, dass ich das Fleisch nicht esse, regen sie sich noch mehr auf. Fleisch ist hier ein kostbares Gut, nur die Reichen können es sich öfter als einmal pro Woche leisten, bei manchen Familien kommt es nur an Feiertagen auf den Tisch. Wir hingegen, in unserem beneidenswerten Leben im Ausland, haben es ständig zur Verfügung – wie soll man da begreifen, dass ich es nicht will, dass es mir nicht einmal schmeckt? Euch geht es wirklich zu gut da oben! Eine der Damen hat mir schon nahegelegt, zum Arzt zu gehen oder einen Heiler aufzusuchen, denn »das, was du hast« sei nicht normal.

Wenn sie wüssten, dass gar nichts von dem, was ich habe, normal ist ... Aber nun stehe ich hier, vor der Pfanne mit heißem Öl, in die ich die Kartoffelscheiben geben muss, während die Kinder im Nebenzimmer herumschreien. Meine Cousine sieht mir zu und fragt sich, worauf ich noch warte. Jeden Moment wird das Öl zu qualmen beginnen. Ich bitte sie, mir Toilettenpapier zu bringen, und brate die Kartoffeln. Nie zuvor in meinem Leben hat eine so nichtige Handlung eine derartige Bedeutung angenommen. Ich spüre, wie mein Herz klopft, ich muss ständig daran denken, dass Driss auftauchen könnte. Dass wir dann vielleicht »alleine« im Haus sein werden, ohne dass man uns überwacht.

Als wir ankamen, haben wir uns mit einem unbehaglichen Gefühl begrüßt, uns nur kurz in die Augen geschaut, damit nicht auffiel, dass wir uns auf andere Weise füreinander interessierten als früher. Früher habe ich mit Driss gespielt, mit ihm zusammengelebt wie mit einem Bruder, doch schon seit langer Zeit sind wir einander fremd geworden. Ich habe ihn nicht erwachsen werden, ihn nicht zum Mann reifen sehen, denn als wir fortzogen, war er zwar schon über 20, wirkte aber noch ganz unfertig, klein und schmächtig. Und ebenso wenig hat er gesehen, wie ich zur Frau wurde. Wir haben uns nur die Hand gegeben, keine Küsse auf die Wangen, obwohl es gestattet wäre, einen Cousin auf diese Weise zu begrüßen. Früher hatte ich mich nie besonders für ihn interessiert, aber seit ich weiß, dass er mein Verlobter sein soll, betrachte ich ihn mit anderen Augen. Ich bin mir nicht sicher. Gefällt er mir nun, weil sie mir gesagt haben, er werde mein Ehemann sein? Schaue ich ihn mir nur deshalb genauer an, weil ich darum gebeten worden bin? Oder ist es mehr als das, ist es Schicksal?

Was ich spüre, ist eine seltsame Erregung, ähnlich wie an dem Tag, als mich der Lastwagenfahrer begrapschte, der die Kaninchen von dem Hof abholte, wo meine Mutter eine Zeit lang arbeitete und ich ihr am Wochenende half. Sie war im Stall damit beschäftigt, die Kaninchenkacke wegzuschaufeln, und ich hatte zusammen mit dem Fahrer den letzten der Käfige herausgetragen, die er an dem Tag mitnahm. Er war ein dicker, ein riesiger Mann, bei dem sich der Gürtel um die Bauchmitte spannte und aussah wie der Äquator, der einen Globus in Hälften teilte. Das Aufladen der Tiere hatte ihn ins Schwitzen gebracht, und die paar Haare, die er hatte, klebten ihm am Schädel.

Wir sind fertig, sagte er, dank deiner Hilfe ging es schneller, als ich gedacht hätte.

Im Laderaum des Lasters herrschte drückende Hitze, die Luft war erfüllt vom feuchten Gestank der Kaninchen, und plötzlich spürte ich im Gesicht den nach Wein riechenden Atem des Fahrers. Er umfasste meine Taille und drückte mich an sich. Mein zwölfjähriger Körper, auch wenn ich groß war für mein Alter, wirkte winzig neben diesem Hünen. Ich war wie erstarrt, es kam mir vor, als sei jemand anders an meiner Stelle und ich würde nur tatenlos zusehen, denn ich konnte nicht glauben, was geschah.

In der Zeit, die wir jetzt noch haben, könnten wir tanzen – wie tanzt man denn bei euch im Dorf, vielleicht so?

Seine Pranken glitten an meiner Taille hinab auf meinen Hintern und griffen mit einer Kraft zu, die nicht zu seinem Tonfall und zu seinen Worten passte. Ich blieb weiter reglos, als würde ich zuschauen und abwarten, was geschah. Was wollte ich denn, das geschehen sollte? Auf einmal fiel mir meine Mutter wieder ein, ich stellte mir vor, sie käme und sähe mich hier: Du Schamlose, du Schamlose!

Mit all meiner Kraft stieß ich den Fahrer von mir und sagte, nein, bei uns im Dorf tanzen Männer und Frauen nicht zusammen.

Er lachte. Als wäre nichts passiert, beendete er seine Arbeit, verschloss die Luke des Laderaums und fuhr zufrieden ab, ein Lächeln auf den Lippen.

Ich verstand das nicht und habe niemandem je davon erzählt. Denn meine Mutter hatte ja recht gehabt: Ich war die Schamlose, ich hatte es provoziert. Zumal die Art, wie er mich packte und wie seine Hände meinen Hintern drückten, eine neuartige Erregung in mir ausgelöst hatte. Nicht, dass der Fahrer mir gefiel, ich konnte mir kaum einen abstoßenderen Mann vorstellen, mit seinem roten, verschwitzten Fleisch. Und doch hatte ich es gemocht, wie mir ein Körper so nah kam; ihn an mir zu spüren, mich zum ersten Mal begehrt zu fühlen – ich war schon eine Frau und hatte es bis dahin nicht gewusst.

Driss ruft eine ähnliche Erregung in mir hervor, ich finde ihn allerdings viel angenehmer. Vom Aussehen und vom Geruch her ist er schon mal sauber, hübsch, gut gekleidet, taktvoll, freundlich und hilfsbereit. Heißt das, nachdem ich so viel über die Liebe gelesen habe, nimmt sie in meinem Fall diese Gestalt an – die eines jungen Mannes, der nicht stinkt und freundlich ist?

Was willst du mehr, würden die Damen sagen, du konntest immerhin auswählen unter all denen, die Zucker in dein Haus brachten. Säckeweise Zucker, um dich zu umwerben, und die Drohungen auf der Straße:»Ach, ach, ach, mir bleibt nichts anderes übrig, als deinen Eltern einen Sack Zucker zu bringen.«

Und ich: Bring ihn doch deiner Mutter, du Schwachkopf.

Doch sie erregten mich, all diese unbekannten Bewerber, die gerne gehabt hätten, dass ich ihnen die Papiere besorgte, um übers Meer zu kommen, so wie der Lastwagenfahrer. Tatsächlich denke ich schon seit Längerem beim Masturbieren nicht mehr an seine Hand, die mich packt, sondern an all jene, die mein Ehemann sein könnten. Und nun also Driss, der Saubere.

Meine Cousine hat das Papier gebracht, ich habe die Tabletts damit ausgekleidet und die Kartoffeln, als sie fertig waren, darauf geschüttet.

Was machst du da, hat meine Cousine geschrien, spinnst du?

Wegen des Öls, Cousine, so saugt das Papier das Öl auf und die Kartoffeln schmecken besser.

Und in was sollen die Kinder dann ihr Brot tunken?

Ich habe sie angeschaut, eins nach dem anderen, klein von Wuchs, dünn, manche mit geblähtem Bauch, die Augen riesig.

Heute ist mein Tag. Der Satz ergibt nur in der Sprache Sinn, die sich in diesen Ferientagen »in unserem Land«, »in unserer Gegend« in die Sprache meiner Gedanken verwandelt hat und allein in meinem Inneren erklingt. Käme ich zurück, um hier zu leben, wie lange würde ich sie mir erhalten können? Wie lange würde sie die Sprache meiner Gedanken bleiben? In welchem Moment würde ich sie gegen die Sprache meiner Mutter austauschen?

Ganz egal, heute ist mein Tag, auch wenn ich nicht wüsste, wie ich diesen Satz in ihrer Sprache sagen sollte, denn wenn ich ihn wörtlich übersetze, heute ist mein Tag, dann bedeutet er, dass ich heute sterben muss, dass es so geschrieben steht. Das begriff ich erst so richtig, als ich in unserem neuen Land (das für sie natürlich nie *unseres* sein wird) von der Tradition des Muttertags erfuhr – als uns in der Schule erklärt wurde, es gebe einen Tag, an dem die Mütter gefeiert würden, und da sollten wir sie beglückwünschen und ihnen danken für alles, was sie für uns taten, all ihre Mühen und Opfer. Ich kam ganz begeistert nach Hause und rief: Mutter, heute ist dein Tag! Und sie, überrumpelt und gestresst, fuhr mich an: Willst du, dass ich sterbe, oder was?

Wie auch immer, heute ist mein Tag, der Tag, an dem ich heirate und mich damit endlich selbst befreie und meine Mutter ebenfalls. Natürlich konnte ich nicht schlafen, die ganzen letzten Nächte nicht. Ich liege bei meinen Cousinen, meinen Tanten und den Kindern, die sich auf zerschlissenen, über den Boden gebreiteten Wolldecken einnässen. Wie Leichen, alle nebeneinander. Ich hatte es nicht als unbequem in Erinnerung, so zu schlafen, jetzt ist es das aber.

Als meine Mutter und ich hier lebten, legte sie mich an die Wand und sich als Barriere davor, damit ich mich nicht auf den kalten Boden rollte, wo keine Decken lagen. Wenn ich nicht einschlafen konnte und sie lange genug bat, erzählte sie mir eine Geschichte. Im Dunkeln wurden ihre Worte zu Bildern, Bildern von Dingen, die ich nie gesehen hatte, wie das von Nunja, dem langhaarigen Mädchen, eingesperrt in einen Turm, wo eine Hexe ihr jeden Abend die Haare zählte, um zu prüfen, ob in ihrer Abwesenheit jemand sie berührt hatte. Oder von den Zwillingen, die sich in Raben verwandeln. Oder die Geschichte von Yussuf, die später, in unserem neuen Land, im Religionsunterricht wiederauftauchte. Ich schlief gerne neben ihr, aber nun tun wir das schon lange nicht mehr; seit wir ausgewandert sind, haben wir nicht mehr im selben Raum geschlafen. Ich habe das immer vermisst, aber jetzt kommt es mir seltsam vor, unbequem, so unbequem, wie wenn wir uns versehentlich berühren und mich eine merkwürdige Beklemmung erfasst.

In diesen Nächten schlafe ich also bei den Cousinen, das Zimmer ist sehr voll. Natürlich ist es auch ein großes Zimmer, aber ich kann mich an dieses Fehlen von Privatheit nicht gewöhnen, daran, jede Minute des Tages unter Leuten zu sein. Ich bin die Eingeladene, die Wichtige, mich lassen sie nie allein. Undenkbar, ihnen zu erklären – nicht einmal der Cousine, die meine Vertraute ist –, dass ich seit Jahren bestimmte Gewohnheiten habe, die ich mir nicht plötzlich verkneifen kann. Ich weiß nicht, ob das typisch für die *Thirumiin* ist oder nicht, aber ich kann nicht einschlafen, wenn ich nicht vorher masturbiert habe, um mich all der Anspannung zu entledigen, die sich den Tag über in meinem Körper angesammelt hat. Hier ist das unmöglich. Als ich noch hier lebte und nicht wusste, dass man so etwas überhaupt tun kann, fand mich meine Mutter eines Morgens auf dem Bauch liegend. Steh auf, fuhr sie mich an, nur die leichten Mädchen schlafen auf dem Bauch. Ich war verblüfft und fragte mich, was an dieser Haltung die Frauen hier so nervös machte. Heute ist mein Tag, und ich habe nicht geschlafen. Die Frauen sind früh aufgestanden und schon in die Hausarbeit vertieft, sie sammeln die Decken ein und legen sie säuberlich gefaltet ins Regal an der Rückwand des Zimmers, vor dem eine Gardine gespannt ist. Ich höre Geschirr in der Küche klappern, dort pfeift auch schon der Wasserkocher, ein spezieller Kocher, den meine Mutter aus dem Ausland mitgebracht hat. Die Cousine, die meine Vertraute ist, übernimmt wie immer die schwersten Aufgaben, weil sie ja in diesem Haus wohnt; sie hat schon den Innenhof gewässert und ist dabei, ihn zu wischen.

Bald wird Onkel Hammu kommen und das Lamm schlachten, dass sie gestern aus der Stadt mitgebracht haben. Unter gewöhnlichen Umständen hätte die Familie des Bräutigams es zur Verlobungsfeier mitgebracht. Sie würden ein oder zwei Lämmer schicken oder sogar ein Kalb, wenn sie reich wären, dazu die Hühner, die Getränke, das Couscous, die Kartoffeln, das Gemüse, die Oliven, die Rosinen und die Erdnüsse oder das Gebäck. Je mehr Zutaten sie zum Fest beisteuerten, desto mehr wäre nachher von ihrer Großzügigkeit die Rede, man würde ihre Freigebigkeit als ein klares Zeichen dafür preisen, dass die Braut ihr Glück gemacht hätte und in ein blühendes Haus einheiratete. Tags darauf wäre dann die ganze Sippe des Bräutigams in so großer Zahl, wie sie es für angemessen hielte, im Haus seiner Zukünftigen zu Gast, und beide Familien würden zusammen die Verlobung feiern.

Damit wäre die Sache offiziell, man könnte dann schon sagen, das Mädchen sei verheiratet, selbst wenn die Hochzeitsfeier, der Wechsel der Wohnung und überhaupt der Umgang der beiden Betroffenen miteinander erst ein oder zwei Jahre später nachgeholt würden.

Aus verschiedenen Gründen kann der Hochzeitstag sich verzögern: sei es, weil der junge Mann noch nicht das Geld für die Hochzeit beisammen hat, sei es, weil das Mädchen noch zu jung ist, nicht reif für die Ehe, oder sei es – der häufigste Grund heutzutage –, weil eine der beiden Personen im Ausland lebt und es Monate, wenn nicht Jahre dauert, die Bürokratie zu bewältigen, bis der Gatte oder die Gattin dorthin nachziehen darf.

Eben das wird auf mich zukommen, deshalb verloben wir uns heute und heiraten, ohne wirklich zu heiraten. Wir geben uns vor unseren Familien das Eheversprechen und lassen uns dann in der Stadt amtlich vermählen. Aber wir halten noch nicht im Kreis unserer Familien Hochzeit, und das heißt, wenn wir miteinander sprechen, müssen wir es vorerst weiter unauffällig tun, um die Alten nicht zu beschämen. Selbstverständlich können wir uns keinerlei Intimität erlauben, solange es nicht die echte Feier gegeben hat und mit ihr die Hochzeitsnacht.

Onkel Hammu ist für alle Schlachtungen im Haus zuständig. Mit seiner Häkelmütze, die ihm nie auf dem Kopf verrutscht, braucht er fast keine Hilfe, um das Lämmchen zu packen, ihm die vier Füße zusammenzubinden und ihm blitzschnell die Kehle durchzuschneiden, sobald er die zugehörige *Schahada* gesprochen hat. Alles wird im Namen Gottes geschlachtet. Während das Tier zuckend ausblutet, hält er es mit dem Knie am Boden, und wenn es tot ist, nicht mehr atmet, schneidet er die Haut über einem der Füße auf und bläst hinein, um sie vom Fleisch zu trennen. Diese Geste habe ich immer komisch und seltsam gefunden im Kontrast zu der vorigen, tödlichen. Wenn er das Lamm genügend aufgeblasen und abgeklopft hat, um zu prüfen, ob die Haut sich überall gut spannt, hängt er es an einen Haken, zieht ihm das Fell ab und weidet das Tier aus. Die einzige Hilfe, die er braucht, ist, dass man ihm Schüsseln anreicht, um die Gedärme, die Lunge und das Herz, die Leber und die Nieren hineinzulegen. Die Milz ist eine besondere Trophäe, die er der Hausherrin überreicht, damit sie sie lange, lange über dem Holzfeuer grillt, für den ältesten, den wichtigsten Mann der Festgesellschaft.

Bei Onkel Hammu würde ich jetzt gerne bleiben und mich ungeschickt anstellen bei allem, was er mir zeigt, so wie damals, als ich klein war – seine Erklärungen und sein lautes Lachen. In diesem Mann sehe ich keine Gefahr, so sehr die Damen auch darauf beharren, dass in jedem von ihnen, wirklich jedem, zumindest ein Funken Böses steckt. Deshalb könnte ich nicht mit ihm allein bleiben, obwohl er schon fast ein ehrwürdiger Greis ist, der Bruder meines Großvaters, und ich ihn mein Leben lang kenne. Von einem gewissen Alter an ist es für ein Mädchen nicht mehr möglich, mit einer männlichen Person allein zu sein. Nur mit dem Vater, dem Großvater oder den Brüdern oder den Brüdern der Eltern; schon nicht mehr mit den entfernteren Onkeln. Und auch vor den Angehörigen schickt es sich, den Kopf bedeckt zu halten, nicht viel Haut zu zeigen. In anderen Häusern sind sie weniger streng, aber bei uns befolgen sie die Regeln nach alter Sitte.

Ich kann also nicht bei Onkel Hammu bleiben, mir den Dünndarm des Lamms durch die Finger gleiten lassen und den Magen des Tiers reinigen, bis alle Scheiße raus ist, kann nicht in Ruhe den toten Kopf betrachten, der mich mit großen, glasigen Augen anstarrt, und kann nicht die Lunge aufblasen. Schon lange bin ich kein Kind mehr, und heute ist mein Tag. Ab heute werde ich frei sein und ebenso meine Mutter. Ich muss mich anziehen, mich zurechtmachen, muss in die Stadt, um zu unterschreiben.

Wir fahren zusammen mit dem Auto, denn wir sind keine zwei fremden Familien, die sich vor dem Richter treffen und sich dann nach und nach kennenlernen, anfangs scheu und mit gegenseitiger Hochachtung, die später ehrlich sein kann oder nicht, aber immer angebracht ist, schließlich wird aus den zwei Familien eine. Doch das ist bei mir nicht der Fall. Hier gibt es kein Geheimnis und nichts zu entdecken, mein künftiger Ehemann ist mein Cousin.

Hinter zwei Zimmern im Haus liegt, von einer dünnen Backsteinmauer abgetrennt, das Bad. Bad ist eigentlich nicht das passende Wort – die Häuser in der Stadt haben Bäder, genannt *Hammam*, gekachelt und mit Wasserhähnen ausgestattet. Hier in dem Dorfhaus handelt es sich um ein *Arscham*, und für dieses Wort fällt mir keine Übersetzung ein. Ein kleiner Raum, von der Rückwand abgeteilt, mit einem niedrigen, oft bogenförmigen Eingang. Die Stelle der Tür kann ein Vorhang einnehmen, angefertigt aus einer alten *Qandura*, durch deren Ärmel ein Stock gezogen ist. Für mich hat diese Art Vorhang immer ausgesehen wie eine gekreuzigte Frau, aber auch das könnte ich den Damen nicht erzählen.

Meine Cousine hat auf dem kleinen Ofen im *Arscham* Wasser zum Kochen gebracht und daneben ein Becken mit kaltem Wasser bereitgestellt, damit ich es mit dem heißen mischen kann. Zunächst muss man sich mit einem groben Handschuh-Waschlappen abreiben, um Schmutz und Hautschuppen loszuwerden. Ich würde jetzt gerne hier auf meinen Füßen hocken bleiben, in diesem feuchten und warmen Gelass eine Weile für mich sein, nachdenken, ohne dabei unterbrochen zu werden, und ohne Geräuschkulisse, ohne das unablässige Geschnatter all der Mädchen und Frauen um mich herum, die mich so sehr lieben. Aber ich sage nichts, will sie auf keinen Fall vor den Kopf stoßen, wünsche ich mir doch nichts sehnlicher, als dazuzugehören. Zumal meine Cousine, obwohl geschwätzig und manchmal neidisch (das wäre ich an ihrer Stelle vielleicht auch, es ist nicht gerecht, dass die Welt so ungleich aufgeteilt ist), zu den Menschen gehört, die ich hier am meisten mag. Sie ist sympathisch und hat eine lustige Art zu erzählen, voller scheinbar unbedeutender Details, die mir das Gefühl geben, zumindest ein bisschen nachzuholen von dem Leben, das hier weitergeht, während wir drüben sind. Dank dieser Häppchen aus dem hiesigen Leben fühle ich mich nicht ganz so entwurzelt und kann mir sagen: Ich bin doch von hier.

Meiner Cousine würde ich gerne sagen, dass sie mir nicht den Rücken abreiben muss, doch es ist Brauch, einander beim Waschen zu helfen. Ich schlinge die Arme um meine Knie und sie schrubbt mich von allen Seiten, mit einer für ihr Alter erstaunlichen Kraft. Ich spüre ihre knochigen Finger in dem Lappen auf meiner Haut. Ich sage ihr, dass ich keinen *Indschan* habe, das ist das Wort für die Art von Schmutz, die man durch dieses starke Abreiben vom Körper löst. In einem staubigen Land, wo die Leute sich nur einmal in der Woche von oben bis unten säubern – ´*umm* ist das wiederum kaum übersetzbare Wort für diese wöchentliche Waschung –, bildet sich auf der Haut vielleicht wirklich eine Schicht, die sich dann beim Schrubben herunterkringelt, aber ich glaube nicht, dass ich die habe.

Und wie du die hast, schau!, sagt meine Cousine und zeigt mir den Waschlappen voll toter Haut. Aber was ist los mit euch im Ausland, kriegt ihr da nichts zu essen?

Ich weiß, sie meint meine hervorstehenden Rippen, und ich kann ihr nicht sagen, dass ich es für eine meiner großen Leistungen halte, kein Milligramm Fett zwischen Haut und Knochen zu haben. Ich sage ihr nicht, wie nervös es mich macht, dass es hier keine Waage gibt, mit der sich überprüfen ließe, ob ich zu- oder abnehme oder mein Gewicht halte, und dass ich hier auch so gut wie keine meiner Fitnessübungen absolvieren kann. Ginge ich draußen in den Feldern joggen, würden sie mich für verrückt halten. Und wenn sie mich bei meiner Bauchmuskel-Routine sähen, würden sie an einen Anfall glauben. Schlimm genug, dass sie wissen, dass ich kein Fleisch esse, und mir dauernd sagen, ich sei zu dünn. Bald kehre ich nach Hause zurück und kann wieder so viele Kalorien verbrennen, wie ich will. Nach Hause?

Als meine Cousine mir das warme Wasser über den Rücken gießt und mich einseift – mit einer duftenden Seife, von der meine Mutter etliche Stück mitgebracht hat und sie an alle verteilt, je zusammen mit einem Päckchen Kaffee, einem Handtuch, ein paar Bonbons für die Kinder und ein paar Plätzchen; das ist der rätselhafte Inhalt der vielen Pakete, mit denen wir unsere Autos beladen und über die sich unsere christlichen Nachbarn so viele Gedanken machen –, brennt es höllisch. Es war kein *Indschan*, was sie mir abgerieben hat, sondern meine Haut, und morgen oder übermorgen wird bestimmt alles voller Borken sein. Allerdings stört mich der Schmerz nicht, sondern er erleichtert mich.

Ich ziehe ein festliches *Dfain* an, das meine Mutter bei Mumna gekauft hat. Zu meiner Freude stelle ich fest, dass der Gürtel noch genauso locker sitzt wie vor meiner Ankunft, vielleicht sogar ein bisschen lockerer. Elegant sind diese Kleider, auch wenn die Augen der *Irumien* darin nur lauter Schichten Stoff sehen, die dazu dienen, willenlose Körper zu verstecken. Die Haare habe ich in einem straffen Dutt zusammengefasst, glatt und glänzend. Ich ziehe mir das Kopftuch über, befestige es mit einer Sicherheitsnadel über den Schlüsselbeinen und binde die Enden im Nacken zusammen. Ich schaue mir mein Gesicht an, das von der Abreibung im Bad ein wenig heller geworden ist, und prüfe meine Augenbrauen. Sie machen mir schon seit Jahren Sorgen. Sie zu zupfen gilt hier als *haram*, als verbotene Handlung. Auf meinem Gymnasium wiederum gab es kein einziges Mädchen, das sie wuchern ließ. Ich aber – obwohl sich bei mir eine Unzahl dieser Härchen nicht an die Gestalt hält, die Brauen haben sollten – konnte es ihnen nicht gleichtun und zur Kosmetikerin gehen, um sie mir in Form bringen zu lassen. Ich musste sie mir selbst zupfen, jeden Tag ein bisschen, damit es nicht auffiel, Haar für Haar mit der Pinzette, bis ich sie mehr oder weniger sauber hatte. Jedes Härchen, das ich mitsamt Wurzel ausriss, war ein Schritt, den ich mich von meiner Mutter entfernte. Aber natürlich wachsen ständig neue nach.

Ich möchte glauben, meiner Mutter sei entgangen, dass ich mir die Brauen zupfe, aber so, wie sie ist – sie sieht ja alles, hört alles, kriegt alles mit –, wundert mich eigentlich, wie sie es nicht bemerkt haben sollte. Wahrscheinlicher ist also, dass sie es sehr wohl gesehen, aber – wenngleich sie sich in ihren Gesprächen mit den Damen über diese modernen Mädchen ereifert, die sich Brauen und Barthaare zupfen – nie etwas dazu gesagt hat. Im Grunde ihres Herzens ist sie vielleicht doch nicht so rigoros, wie sie sich gibt, nicht ganz so unerbittlich in ihrer Entschlossenheit, eine anständige Frau aus mir zu machen; anscheinend gibt es Lichtblicke.

Ich schaue mich im Spiegel an, ehe ich in die Stadt fahre, um das Eheversprechen zu geben, ich fahre mit den Fingern die

Linie entlang, die an meinem Kinn beginnt, und ich spüre in der Erinnerung, wie sie mir pochend, rötlich und schmerzvoll den Körper von oben bis unten zerreißt. Jetzt aber bleibt sie geschlossen. Ich denke fast gar nicht mehr an A und sage mir auch kaum noch, dass ich all dies für ihn tue. Er weiß nichts davon. Er ist in dem Klassenraum des Gymnasiums geblieben und liest Nietzsche, während ich weiter denn je davon entfernt bin, ein Übermensch zu werden.

Das Schild über dem Büro ist in einem schreienden Rot gehalten: »ETT. Zeitarbeit«. Die Poster im Schaufenster zeigen arbeitende Menschen, einige tragen Uniform, andere nicht, aber alle lächeln, alle sind froh und zufrieden, Arbeit zu haben, und sei es nur für eine Stunde.

Ich müsste in dieses Büro hineingehen und der Personalvermittlerin alles erklären: Wissen Sie, ich brauche Arbeit, wenn möglich langfristig, denn ich muss meinen Ehemann herholen, der noch nicht mein Ehemann ist, ich kenne ihn schon mein Leben lang, aber eigentlich kenne ich ihn gar nicht, jedenfalls wird es meine Mutter glücklich machen. Was könnte ein besserer Ansporn zum Arbeiten sein? Welche Triebkraft wäre größer als die, einem geliebten Menschen Freude zu bereiten?

Ich blicke auf meinen Lebenslauf und auf mich selbst, auf mein Spiegelbild zwischen den Plakaten mit den zufrieden Vermittelten. Ehe ich die Straße überquerte, habe ich mein Haar gelöst, vorsichtshalber. Zuhause habe ich lange Zeit damit verbracht, es zu kämmen. Zwar bin ich mir einig mit meiner Mutter, dass mein Haar schön glatt sein soll, so wie jetzt, doch ich trage es am liebsten offen, während sie sagt, das täten nur leichte Mädchen. Wenn ich in diesem Punkt auf sie höre, dann deshalb, weil die Locken bei gelöstem Haar noch schwerer zu bändigen sind. Ehe ich ins ETT-Büro trete, ziehe ich mir dennoch das Zopfband heraus, damit ich besser integriert wirke und nicht wie *schon wieder eine von diesen Marokkanerinnen*. Allerdings bin ich unschlüssig, wie ich mich präsentieren soll –

vielleicht doch als *schon wieder eine von diesen Marokkanerin-nen*, oder gerade nicht; oder egal, ob Marokkanerin oder nicht, ich habe mir eine Arbeit verdient.

Ich habe mir viele Gedanken gemacht, ehe ich hierherge-kommen bin. Was sind meine Stärken, wozu bin ich in der Lage? Wissen Sie, ich bin clever, es ist doch bekannt, dass wir Marok-kaner alle clever sind (helle Aufregung wird herrschen, wenn eines Tages ein Marokkaner auftaucht, der nicht clever ist), ich lerne sehr schnell, unglaublich schnell sogar, ich muss mir et-was nur einmal anschauen, und schon kann ich es, und zwar gut, hervorragend. Ich spreche viele Sprachen, na ja, einige eher bruchstückhaft, und einige verstehe ich eher, als dass ich sie spreche, denn ich muss eine Sprache erst eine Zeit lang hören, ehe ich sie selbst sprechen kann – aber schauen Sie, Ihre Spra-chen beherrsche ich beide perfekt und ebenso die Sprache mei-ner Mutter; radebrechen kann ich auch die Sprache der Leute, die das Dorf meiner Mutter verschiedentlich erobert haben, und außerdem spreche ich noch eine sehr internationale Spra-che, mit der ich überall in der Welt durchkomme. In der Schule habe ich Maschineschreiben gelernt, ich tippe unfassbar schnell, habe zudem solide EDV-Kenntnisse, zumindest auf User-Ebene. Ich bin fit in Textverarbeitung und Tabellenkalkulation und kann auch Präsentationen erstellen. Wenn all das Ihnen nicht ausreicht, kann ich Ihnen noch von meiner Glanzleistung er-zählen, vom Höhepunkt meines Bildungswegs: Ich bin, sicher haben Sie es schon geahnt, das marokkanische Mädchen, das bei der Eignungsprüfung fürs Universitätsstudium 9,5 von zehn Punkten geschafft hat.

Das habe ich allerdings in meinem Lebenslauf nicht ver-merkt, und beim Gedanken daran erfasst mich eine demütigen-de Scham. Du kannst nicht in deinen Lebenslauf schreiben, dass du eine 9,5 in der *Selectivitat* erzielt hast; im Lebenslauf zählen Abschlüsse und Berufserfahrung, Kenntnisse, die dich zu bestimmten Aufgaben befähigen. Die *Selectivitat* bedeutet nur, dass du an der Uni studieren kannst. Da ich mir momentan aber ein Studium gar nicht leisten könnte und auch nicht wüsste, was ich studieren sollte, nützt es mir nichts, bei den Prüfungen geglänzt zu haben. Es schien so eine große Sache zu sein, ein Meilenstein, aber es war nicht wirklich mein Verdienst, ich habe es mir nicht ausgesucht.

Gute Noten zu schreiben ist mir nie schwergefallen. Seit wir hier ankamen und ich in der Grundschule die beiden hiesigen Sprachen lernte, habe ich ständig gelesen; die Bibliothek war ja gleich bei uns nebenan. Ich las alles, was ich in die Finger bekam. Anfangs verstand ich nicht viel, aber mit der Zeit lernte ich alles zu entschlüsseln, was mir schriftlich vorlag. Wenn du dich anstrengst und ihn zur Not immer wieder liest, so oft wie nötig, dann verstehst du irgendwann auch den schwierigsten Text. Dieses intensive Training, eine Folge unserer armseligen Lebensumstände – wir hatten weder einen Fernseher noch Geld für andere Zerstreuungen, hinzu kam meine Einsamkeit in dem neuen Land –, verschaffte mir in der Schule entscheidende Vorteile. Lesen ist alles, egal, worum es geht. In der letzten Phase kam noch als Ansporn hinzu, dass ich mich von A begleitet wusste, dass ich mit ihm all meine Erkenntnisse teilte, meine geistige Entwicklung, und dass wir das, was uns beiden gefiel, gemeinsam in den feuchten Klassenräumen ergründen konnten. So kam es, dass meine Haut sich zu öffnen begann, ganz langsam, und kleine Lichtstrahlen aus meinem Inneren in seine Richtung entwichen. Nur um ihm zu gefallen.

Aus all diesen Gründen war die *Selectivitat* keine schwer zu nehmende Hürde. Ich lese und beantworte die Fragen, ich lese sie so oft, bis ich nicht nur ihren Wortlaut genau erfasse, sondern auch weiß, welche Antworten von mir erwartet werden. Von Kant oder von Platon soll ich euch erzählen? Den Stil Le Corbusiers definieren oder *Die Verzückung der heiligen Theresa* ausdeuten? Eine Rede soll ich analysieren oder einen Text in einer Fremdsprache verfassen? Das alles war einfach und anregend, und zwar deshalb, weil den Kugelschreiber über das Papier gleiten zu lassen sich anfühlte, als würde ich an A schreiben, und mit jedem einzelnen Buchstaben wollte ich ihm gefallen.

Immer noch stehe ich vor der ETT, bald wird den Angestellten drinnen auffallen, dass ich mich nicht hineintraue. Was für eine Art von Arbeit suchen Sie? Diese Frage erwarte ich und weiß keine gute Antwort darauf. Ich würde sagen, es kann irgendwas sein, aber nur, weil ich nicht auszusprechen wage, was ich wirklich gerne tun würde: Ich würde gerne irgendwo am Empfang arbeiten, Leute willkommen heißen, ihnen weiterhelfen, mich nützlich machen. Ich habe Fremdsprachenkenntnisse, wissen Sie? Ich wäre als Empfangsdame bestens geeignet, ich beherrsche sehr gut die verschiedenen Register, ich kann mehr oder weniger förmlich sein, je nach Situation, ich weiß mich anzupassen. Nicht umsonst bin ich so gut integriert.

Als Verkäuferin würde ich auch taugen. Doch da fällt mir wieder ein, was beim letzten Mal geschah, als ich eine Bewerbung abgab. Es war bei uns in der Nachbarschaft, und ich dachte, ich sei für den Job besonders geeignet: Benetton, ein Modegeschäft, das mit Menschen aller Hautfarben für sich wirbt. Gewiss würde ich, die ich zwar integriert bin, aber trotzdem weiterhin eine olivfarbene Haut habe und unverkennbar fremdländisch aussehe, an so einen Ort bestens passen. Ich stellte mich in dem Geschäft vor, ein ausgedrucktes Exemplar meines Lebenslaufs in der Hand. Als ich der Verkäuferin das Blatt gab, straffte sich ihre Haltung, und sie sah mich von oben bis unten an, die perfekt gezupften Brauen hochgezogen: Du? Als wäre die Idee, dass ich dort arbeiten würde, das Unwahrscheinlichste und Abwegigste, was sie je gehört hatte.

Die Demütigung verschlug mir die Sprache, aber vielleicht habe ich jetzt, bei der ETT, mehr Glück. Vielleicht erkennen sie mich, sage ich mir, um mir Mut zu machen, denn tatsächlich haben meine Noten einiges Aufsehen erregt. Der Mut, den ich mir mache, hat aber einen bitteren Beigeschmack, denn wäre ich *normal*, wäre ich *von hier*, dann hätte niemand etwas Besonderes an meiner *Selectivitat* gefunden.

Mich traf keine Schuld an dem Rummel. Es ist üblich, dass die landesbesten Schüler eines Jahrgangs in die Zeitung kommen, und ich zählte dazu, auch wenn ich nicht einmal die Beste meines Gymnasiums war. Doch dann wurde ein Journalist auf meinen fremdländischen Nachnamen aufmerksam, und ehe ich mich versah, musste ich Interviewfragen beantworten – wie es mir hier gehe, ob ich mich gut integriert fühlte, seit wann ich hier sei, und so weiter und so fort. Schnell wurde eine größere Sache daraus, hier ein Interview, da ein Interview, erst die Lokalzeitung, dann eine überregionale, und schließlich sogar ein Fernsehauftritt. Meine Mutter verging fast vor Angst und ich, ehrlich gesagt, auch, aber ich dachte, zu irgendwas wird es schon gut sein. Zum Beispiel, um Arbeit zu finden.

Nur kann man sich halt schlecht in den Lebenslauf schreiben, dass man einmal Zirkusaffe gewesen ist.

Ich streiche mir ein weiteres Mal die Haare glatt und trete endlich ein. Ich bitte die Angestellte, mich in ihre Kartei aufzunehmen. Sie bietet mir einen Stuhl an, tippt meine Daten ein, wirft einen Blick auf meine Aufenthaltserlaubnis. Heute ist was reingekommen, was Sie interessieren könnte, sagt sie: Gebäudereinigung und Küche, ganz hier in der Nähe.

In den Korridoren des Priesterseminars fühle ich mich wohl. Es ist ein uraltes Gebäude und verströmt den staubig-feuchten Geruch der Kirchen und Moscheen. Noch immer kochen zwei Ordensschwestern, betagt und klapprig, für die wenigen verbliebenen Geistlichen, die ebenfalls betagt und klapprig sind, aber gut versorgt von den Schwestern, die seit Jahrhunderten dafür zuständig sind, ihnen den Tisch zu decken und die Mahlzeiten zuzubereiten. Oft erzählen sie mir von früher, als hier Hunderte von Studenten aus dem ganzen Landkreis über ihrem Aluminiumgeschirr saßen und von viel mehr Ordensschwestern bedient wurden. In gewisser Weise ist diese Stelle, die sie nun einnehmen, als Bedienstete der Priester, eine privilegierte Position. Ein wenig wie meine – denn ich kann hier arbeiten und mein eigenes Geld verdienen (wenn auch weniger, als ich erhofft hatte), und sei es letztlich nur, um meinen Ehemann-Cousin hierher zu holen.

Meine Arbeit besteht darin, die Zimmer zu richten und in der Küche zu helfen, wenn größere Gruppen hier übernachten. Bei diesen Gruppen handelt es sich meist um christliche Familien, also wirklich christlich, nicht das, was wir unter *Irumien* verstehen, dem Sammelbegriff für alle Nicht-Muslime. In den Zimmern bin ich alleine, wische Staub, wechsele die Bettwäsche, feudele die Böden. Ich bekomme gesagt, welche Räume an der Reihe sind, und dann habe ich freie Hand, solange rechtzeitig für die nächsten Gäste alles bereit ist. Es macht mir sogar in gewisser Weise Spaß, mir den Menschen vorzustellen, der in so ein Zimmer kommt und den ich überhaupt nicht kenne – ich will, dass er mit dem Kämmerchen zufrieden ist, auch wenn die

Möbel alt und karg sind, und dass er zumindest kein Staubkorn auf dem Tisch vorfindet und dass sein Bett schön nach Weichspüler riecht. Während ich mich von Zimmer zu Zimmer vorarbeite, lasse ich meine Gedanken schweifen, mal zu konkreten und naheliegenden Themen, mal zu fernen und unwirklichen. Manchmal gebe ich mich der Melancholie hin und denke an A, dann spüre ich wieder, dass meine Haut verschlossen ist, und weiß um alles, was darunter pocht und immer noch herauskommen, sich ihm darbieten will. Ich möchte mich geben – aber das kann ich jetzt nicht mehr, denn meine Mutter hat mich vergeben, in die Ehe.

Je mehr die Zeit voranschreitet, desto ferner rückt das Gymnasium. An den Universitäten hat das Semester begonnen, und die Mitschülerinnen und Mitschüler, mit denen ich Tag für Tag viele Stunden zusammen verbrachte, redete und diskutierte, haben einen Weg eingeschlagen, der nicht meiner ist. Ich bin abgezweigt, ich tue nicht das Vorgesehene, sondern heirate. Meine Lehrer wussten davon natürlich nichts, sonst hätten sie sich dafür ins Zeug gelegt, dass ich studieren ginge – dir steht doch alles offen, hätten sie gesagt, ein Jammer, wenn jemand mit deinen Fähigkeiten nichts daraus macht! Ich habe ihnen nichts erzählt, und sie machen weiter wie immer mit ihrem Unterricht, nun mit dem nächsten Jahrgang, und ich habe meine Freude daran, kein Staubkorn auf Tischplatten zu übersehen und Betten für unbekannte Körper mit frischen Laken zu beziehen.

Die Feigheit hat ihren Preis, so ist es nun einmal. Je nachdem, in welcher Stimmung ich bin, versuche ich mir einzureden, es sei As wegen gewesen, dass ich am Ende doch nicht weggefahren bin, meinen Fluchtversuch abgebrochen habe. Aber das ist nichts weiter als eine traurige Lüge – es lag an mir selbst, an meiner Mutlosigkeit. *»Los amores cobardes no llegan a amores«*, wie Silvio Rodríguez singt, und ich bin eben eine feige Liebende oder, genauer gesagt, eine feige Entliebte. Das muss ich hinnehmen, das ist mein Leben. Weder Übermensch noch Superfrau, nur ein aufgeblasenes Lamm im Innenhof.

Ich war gerade zur Mittagspause nach Hause gekommen, als ich, vom Bad aus, Mumna durch unsere Wohnungstür treten hörte. Sie ist die beste Freundin meiner Mutter, die, der sie alles anvertraut. Für dieses Vertrauen gibt es keinen Grund, denn mehr als einmal haben wir erlebt, wie etwas, das sie Mumna unter dem Siegel der Verschwiegenheit erzählte, kurz darauf in der ganzen Stadt bekannt war. Was soll man auch erwarten von einer Frau, die von Haus zu Haus geht? Über sie werden die schlimmsten Dinge gesagt, vor allem von den Männern – eine Hexe sei sie, verkaufe den Damen Beschwörungen, um die Männer nach ihrer Pfeife tanzen zu lassen; und im Grunde sei sie auch eine Dirne, denn bei ihr zu Hause – in der verschmutzten Wohnung, die sie mit ihrer hässlichen, alleinstehenden Schwester teile – gehe gewiss ein und aus, wer wolle.

Dabei ist Mumna selbst weder alleinstehend noch Witwe noch geschieden, und gerade das macht die guten Ehemänner und Familienväter so nervös. Allerdings, und das ist unbezahlbar, hat sie die Tugend, die Frauen mit ihrem Herkunftsland in Verbindung zu halten. Oft geht sie auf Reisen, um Dinge zu besorgen, die hier nirgends zu bekommen sind, und sie verkauft sie dann von Haus zu Haus: traditionelle Kleider, sowohl festlich als auch für den Alltag, Henna, Nussbaumwurzeln, um das Zahnfleisch zu reinigen, und Kajal vom Spezereienhändler ihres Vertrauens – ein so gutes und reines Kajal, dass es nicht nur die Gesichter verschönert, sondern auch alle Augenkrankheiten heilt. Das Kostbarste aber, was Mumna mitbringt, ist

Goldschmuck; den schwätzt sie den armen Menschen hier auf, und die brauchen dann Monate, wenn nicht Jahre, um ihn bei ihr abzuzahlen. Eine Frau muss Goldschmuck haben, je mehr, desto besser. Gold ist ein sicherer Wert, es ist das einzige, was dich vor dem Elend bewahren kann, wenn du morgen ohne alles dastehst. Ohne alles heißt ohne Ehemann, verstoßen oder verwitwet.

Meine Mutter ist besessen von dem Wunsch, mir eine gute Mitgift zu verschaffen, mit hochwertigem Schmuck, und so hat sie schon vor langer Zeit, obwohl sie es sich nicht leisten konnte, eine dicke Goldkette für mich gekauft, fest und robust, die ich nie trage, weil sie so schwer ist und ich es nicht mag, wenn mir etwas am Hals hängt.

Mumna hat ihr festes Ritual. Wenn sie ein Haus betritt, bittet sie als erstes um ein Glas Wasser – Du würdest dir den Himmel verdienen, nur indem du mir ein schönes kühles Glas Wasser brächtest. Dann setzt sie sich und beginnt sich frische Luft zuzufächeln, denn ihr ist bei jedem Wetter heiß. Ihr Gesicht ist sehr bleich und rötet sich schnell, was besonders hervorsticht, weil sie ihr weißes Kopftuch nie ablegt, es immer unter dem Kinn zusammengeknotet trägt wie draußen auf der Straße, und es nicht einmal in den Nacken zurückschiebt, wenn sie allein zu Hause ist. Mumna gibt sich den Anschein, die strengste und keuscheste aller Musliminnen zu sein, doch ich muss, wenn ich sie sehe, immer an die bösen Kupplerinnen in den Märchen aus Tausendundeiner Nacht denken.

Wenn sie einmal sitzt, redet sie lange über alles Mögliche, meistens gibt sie die Neuigkeiten zum Besten, die sie bei ihren vorigen Hausbesuchen erfahren hat, die Vertraulichkeiten der anderen Damen. Dabei übertreibt sie ständig und hat an allem etwas auszusetzen, als hielte sie sich wirklich für die Frömmste unter der Sonne, die, die am eifrigsten die göttlichen Gebote befolgt. So eifrig, dass sie sich, kaum hatte sie erfahren, dass ihre Tätowierungen *haram* seien, einer schmerzhaften Prozedur unterzog, um sie entfernen zu lassen. Schmerzhafter ist das ewige Feuer, sagte sie zu mir, als ich es mir erlaubte, sie beim Anblick der Dellen in ihrem Kinn zu fragen, ob das nicht furchtbar weh getan habe. *Allah istar, Allah istar*, Gott behüte uns!

Während sie spricht, bringen wir ihr Tee und Gebäck. Sie: Aber nein, aber nein, aber nein, sie wolle doch nur kurz vorbeischauen, Frau Soundso habe sie um dies und jenes gebeten, und weil unser Haus auf dem Weg lag ... Wenn wir das Tablett abgestellt haben, fängt sie an uns zu erzählen, was ihre vorige Kundin ihr abgekauft hat, einen wunderschönen Ring in einer neuen Form, aus diesem Jahr, mit entzückenden grünen Steinen. Schaut, so ähnlich wie dieser hier. Und ehe wir uns versehen, breitet sie ihre Ware aus. Sie ist eine sehr gute Verkäuferin, denn nie gibt sie dir das Gefühl, sie wolle dir etwas verkaufen, nicht einmal dann, wenn du ihr den Auftrag dazu gegeben hast. Sie zeigt dir, was sie hat, das ist alles, und sie sagt, wer ihr was abgekauft hat. So setzt sie Trends bei uns, indem sie die Trends von dort unten zu uns hierherbringt.

Ich sehe, wie meine Mutter ein Set von sieben Armreifen interessiert betrachtet. Sehr hübsch, in der Tat, mit schön gearbeiteten Laubgravuren. Schau mal, ob sie schwer sind, sagt sie zu mir. Ich nehme die Schmuckstücke und lege sie an. Müsste nicht er mir das siebenfache Armband kaufen? Natürlich, sagt meine Mutter, aber wir können es für dich aussuchen, das weißt du doch.

Schon – bloß, wenn wir diese hier nehmen, müssen wir sie erst mal selbst bezahlen, und denk dran, dass uns noch viele Dinge fehlen: die Wohnung, die Papiere, die Hochzeitsfeier, die *Neggafa*, die mich anziehen wird.

Mit dem Bezahlen hätte es keine Eile, sagt Mumna rasch, weil sie befürchtet, dass ihr ein Geschäft entgeht.

Ich blicke ihr in die Augen und frage mich, ob sie sich erinnert – ob sie, wenn sie mich ansieht, an unsere gemeinsame Geschichte denkt oder ob sie glaubt, ich sei damals noch so klein gewesen, dass ich unmöglich etwas davon im Gedächtnis behalten haben könne. Manchmal habe ich Lust, ihr aus heiterem Himmel ins Gesicht zu sagen: Weißt du eigentlich noch, wie wir einmal zusammen Mittagsruhe gehalten haben? Aber ich sage nichts, mir fehlt der Mut. Oder ganz schlicht: Diese Erinnerung bedeutet mir heute nichts mehr, sie löst kein Gefühl mehr in mir aus, außer einem gewissen Erschrecken, einem Staunen, das mir noch nicht ganz vergangen ist.

Wir lebten damals noch dort unten. Neben uns wohnte eine andere Familie mit einer Tochter, die älter war als ich, mit der ich aber trotzdem oft spielte, denn inmitten der Felder gab es nicht viele andere Mädchen. Im Dorf war die Mittagszeit wie die Nacht: Schweigen, Ruhen, möglichst nichts tun. Nein, nicht nur möglichst. Ich war sechs oder sieben Jahre alt, vielleicht auch noch jünger, aber ich kann mich an keine Zeit meines Lebens erinnern, in der ich imstande gewesen wäre, tagsüber zu schlafen. Für mich war die Mittagsruhe also immer eine Phase äußerster Langeweile. Zäh krochen die Minuten dahin, während ich auf dem Innenhof umherschlurfte, auf der Suche nach irgendeiner Beschäftigung, mit der ich mich über die Ödnis hinwegretten konnte. Ich ging hinaus und malte mit einem Stock Muster in den Sand. Ich schaukelte an dem Johannisbrotbaum vor dem Hühnerstall. Ich schlenderte hinunter zum Tor der Nachbarn, um von dort aus auf die Landstraße zu blicken, wo die Autos fuhren, aber nur alle tausend Jahre kam ein Auto vorbei. Ich suchte mir sieben Steine und spielte damit, warf einen hoch in die Luft und versuchte, einen anderen vom Boden zu klauben, ehe der erste wieder aufkam. Danach das Gleiche mit je zwei Steinen, dann je drei, dann drei und vier, dann fünf und zwei, sechs und einer, und schließlich, das war dann leicht, alle sieben auf einmal.

Wenn ich gar nicht mehr weiterwusste, ging ich zu den Nachbarn. Das hatte meine Mutter mir verboten: Ich will nicht, dass du in anderen Häusern herumlungerst, solche Leute sind wir nicht. Derlei sagte sie, damit ich niemandem auf die Nerven ging, aber auch, weil ich ein Mädchen war, und es ist nie gut, wenn ein Mädchen allein unterwegs ist, selbst als kleines Kind, denn keiner weiß, was in den Köpfen der Männer vorgeht.

Und in den Köpfen der Frauen?

Der kleine Durchlass im Hoftor, im großen blauen Tor, war offen, und gleich rechts davon lag das Zimmer der Mädchen. Dort war für gewöhnlich Hadda anzutreffen, mit der ich spielte, und Mumna, ihre große Schwester. Schon so alt, dass niemand mehr damit rechnete, dass sie noch heiraten würde, zumal man ihr nachsagte, sie zöge das Unglück an. Da sie keine Lust hatte, als Zweitfrau einen Ehemann zu teilen, blieb ihr nichts anderes übrig, als weiter bei ihren Eltern zu wohnen. Bis sie eines Tages einen anderen Nachbarn überredete, sie mit ins Ausland zu nehmen und sie beim Grenzübertritt als seine Frau auszugeben. So begann ihr neues Leben als ständige Pendlerin zwischen dem Dorf, aus dem wir kommen, und der Stadt, in der wir gelandet sind.

An jenem Sommertag aber war sie davon noch weit entfernt, sie lag hinten im Zimmer, und es sah aus, als wollte sie schlafen. Ist Hadda da?, fragte ich ganz leise, für den Fall, dass sie tatsächlich schlief.

Nein, antwortete sie sofort, Hadda sei beim Bruder in der Stadt und komme erst am nächsten Tag zurück. Ob ich denn nicht schlafen wolle, fragte sie.

Ich kann tagsüber nicht schlafen, Tante.

Dann komm her zu mir, bei mir kannst du bestimmt schlafen.

Und sie sagte, ich solle die Tür schließen. Das tat ich und legte mich zu ihr, auf die Decken, die nur für eine Person ausgebreitet waren. Komm näher, Hübsche, sagte sie, hier hast du es gut. Komm.

Sie presste mich an sich, und ich war nur noch ein Teil ihres Körpers. Sie roch nach Nivea und nach Essig mit Nelken, auch nach Achselschweiß. Zieh dir das Kleid hoch und die Hosen runter, sagte sie, und aus reiner Neugier folgte ich der Anweisung. Sie hatte dasselbe getan, mit den Zehen ertastete ich ihren *Sauar* unter ihren Knien. Schon spürte ich ihre Schamhaare auf meiner Haut, sie kitzelten mich. Sie begann sich in einem regelmäßigen Takt an mir zu reiben, Gib es mir, begann sie zu stöhnen, Gib es mir, als ob ich ein Mann wäre.

Für wie viel würdest du sie mir überlassen, Mumna?, sagt meine Mutter zu ihr: Wir sind ja sozusagen Familie.

Ich lese nicht mehr. Habe keine Zeit mehr dafür, es steht mir auch nicht zu. Ich habe mich für dieses Leben entschieden, in dem ich eigentlich Analphabetin sein sollte wie meine Mutter: heiraten, Kinder bekommen, kochen, putzen, aufräumen, jeden Tag bis zur Erschöpfung, und am nächsten Morgen aufstehen, um wieder genau dasselbe zu tun. Mich nicht beklagen. Um damit zurechtzukommen, lasse ich alles hinter mir, was mein anderes Leben ausmachte, die Schule, die Bücher, die Wissbegier im Allgemeinen. Von meinem ersten Lohn haben wir einen Fernseher gekauft, und so, erstarrt vor der Mattscheibe, schlage ich das bisschen Zeit tot, das mir noch zum Nachdenken bliebe.

Niemand hat von mir verlangt, dass ich mit dem Lesen aufhöre, meiner Mutter reicht es voll und ganz, dass ich mich auf meine Herkunft zurückbesonnen habe und einen guten Jungen von da unten heirate. Meinen Cousin sogar, den Sohn ihres Bruders. Schon seit seiner Geburt hat sie Driss geliebt, sie hat ihm Geschenke gemacht und Feste für ihn ausgerichtet. Nun schenkt sie ihm ihre Tochter, das Kostbarste, was sie hat. Aber ich gebe mir Mühe, die Dinge nicht so zu sehen, rufe mir in Erinnerung, dass ich selbst entschieden habe, ihren Vorschlag anzunehmen, dass sie mir sagte, wenn es mir nicht recht sei, würde sie es verstehen. Ich rufe mir in Erinnerung, dass sie frei ist, sobald ich verheiratet bin, und dass dann alles leichter wird.

Auf den Korridoren des Seminars kommen mir Gedanken, ob ich will oder nicht, aber ich halte sie nicht fest, ich lasse sie verfliegen. Ich arbeite viele Stunden, so viele, wie sie mich brauchen. Der Leiter – ein sehr korrekter Mensch, flink und spröde – schaut mich kaum an, wenn wir zusammentreffen, und wenn er mich anschaut, scheint er mich nicht zu sehen. Er ist kein Priester, könnte aber einer sein. Allerdings begleitet ihn sonntags manchmal eine Frau, die seine Freundin zu sein scheint, schlank und blond, in gedeckten Farben gekleidet. Sie sieht aus wie eine erwachsene Version vieler meiner ehemaligen Mitschülerinnen, so ganz anders als »wir«, die wir dazu neigen, Fett anzusetzen, überall aus dem Leim zu gehen; wir mit unseren ausladenden Proportionen und unserem Geruch nach Achselschweiß. Bei dieser Frau riechen die Achseln gewiss nicht nach Schweiß, bei ihr riecht gar nichts. Wenn sie kommt, wartet sie am Empfang, während der Leiter den Belegungsplan durchgeht. Nächste Woche erwarten wir keine Gäste, aber diese Zimmer müssten gemacht werden. Jeden Tag, an dem Sie kommen, schreiben Sie mir bitte auf, welche Sie erledigt haben, und hinterlegen die Liste hier am Empfang.

Es gefällt mir, in einem so großen Gebäude allein zu sein, wo meine Schritte hallen, wo es mir sogar vorkommt, als hallten meine Atemzüge. Ich besprühe den Mop mit einem Reiniger, der nach gebeiztem Holz riecht, und sauge den Duft ein. Auch wenn die Arbeit eintönig und uninteressant ist, erfreue ich mich an der Vorstellung, wie der Leiter sich überzeugen wird, dass ich alles gut gemacht habe, dass auf mich Verlass ist.

Ähnliche Aspirationen hatte ich schon einmal, in der Zeit kurz nach unserer Ankunft hier, als ich dachte, in diesem Land sei alles möglich. Wenn meine Mutter mich das Treppenhaus wischen ließ, stellte ich mir immer vor, jemand würde mich dabei sehen und mich dafür bewundern, wie gut ich putzen konnte. Jemand käme vorbei und sähe mit Erstaunen, wie geschickt ein so kleines Mädchen mit dem Wischmop umzugehen verstand. Dann würde er mir bestimmt Arbeit geben, als Treppenputzerin, so wie es die Freundinnen meiner Mutter waren und auch meine Mutter selbst. Die ersten, die mir Arbeit gäben, würden bald schon ihren Verwandten und Freunden von mir erzählen: Wir haben da ein Mädchen, die ist noch klein, aber sehr begabt, wie sie die Treppen wischt, so was haben wir noch nie gesehen. Auf diese Weise würde ich immer weiterempfohlen, und meine vielen freien Stunden würden sich in Stunden gut bezahlter Arbeit verwandeln. Ich würde meine Mutter unterstützen und alles, was ich brauchte, würde ich selbst bezahlen; wir könnten sogar etwas zurücklegen, um eines Tages »dort unten« unser eigenes Haus zu kaufen. Wenn ich daran denke, wie ich damals war, wie ich am Gehsteig vor dem Gebäude angelangte, den Mop in den Händen, und wie mir das Herz klopfte, wenn jemand die Straße entlangkam, dann finde ich, ich war ein lächerliches, ein entsetzlich serviles Kind.

Nun aber ist die Fantasie von damals meine Wirklichkeit, und das nicht als Schwarzarbeit, sondern ganz offiziell. Um für die Hochzeit zu sparen, für die Reise, die Geschenke für die Familie meines Bräutigams, den Umzug in eine neue Wohnung. In jedem Zimmer sammle ich Bettbezüge mit verblichenem Blümchenmuster ein und knülle sie für die Wäsche zusammen. Wenn ich sie, zu einem Bündel geballt, vor der Brust trage und am Spiegel vorbeigehe, kann ich es nicht vermeiden hineinzublicken. Ich stelle mich seitlich, vor allem um die Länge meines Haars zu prüfen, das für unsere Frauen so wertvoll ist wie Gold: Je mehr man davon hat, desto besser. Deshalb färbe ich es mir nach wie vor mit Henna, so wie meine Mutter es seit jeher tut, immer an dem Tag, an dem ihre Periode endet. Als ich klein war, fand ich es beklemmend, die kalte, feuchte, schwere und klebrige grünliche Paste auf den Kopf geklatscht zu bekommen. Es nervte mich, stillhalten zu müssen, und ich hockte mich auf den Hof, wo die Sonne knallte, stützte das Kinn auf die Handfläche und döste vor mich hin, während die zähflüssige Masse trocknete und aushärtete. Wenn meine Mutter mich nicht sah, konnte ich dort eine Weile die Mittagshitze genießen, wenn aber doch, dann rief sie sofort: Raus aus der Sonne, *aja abajud*, was ich nicht gut übersetzen kann; wörtlich heißt es Schlamm, aber es wird gesagt, wenn jemand vor sich hin träumt, nicht bei der Sache ist. Und nimm das Kinn aus der Hand, fügte sie hinzu, nur Waisenkinder sitzen so.

Diese Worte gaben mir zu denken, das ließ sich nicht vermeiden. Wann hatte jemand beschlossen, dass das Kinn auf die Handfläche zu stützen, bedeuten sollte, du hattest keine Eltern? Wahrscheinlich sagten sie es, weil die Waisenkinder viele Stunden am Tag so verbrachten, den Kopf in die Hände gestützt; ohne Eltern mussten sie ja sehr traurig und ständig voller Sorgen sein, gewiss kam daher dieser Ausdruck. Vielleicht fragte ich meine Mutter sogar danach, aber sie wird mich abgewimmelt haben, wie man es eben macht bei Kindern, die zu viele Fragen stellen.

Heute, im winzigen Badezimmer unserer Altstadtwohnung, ist das Ritual komfortabler. Nun trägt nicht mehr sie mir das Henna auf. Es gibt Frauen, die es sich auch als Erwachsene noch gegenseitig applizieren, weil es bequemer ist, aber ich bin irgendwann dazu übergegangen, es selbst zu machen. Ich bemühe mich, immer weniger auf meine Mutter angewiesen zu sein, auch wenn sie weiterhin darauf besteht, dass ich ihr den Rücken abreibe, was ich, weshalb auch immer, von Mal zu Mal unangenehmer finde. Ich weiß nicht, wann es begann, dass es mir seltsam vorkam, sie nackt zu sehen. Früher war das ein Bild, das mir gefiel: ihr kräftiges Fleisch und ihre vollen Brüste, über die das Wasser lief, mit dem sie sich aus einer Plastikkanne übergoss. Wann war das, wann fing ich an, den Blick abzuwenden, wenn sie mich bat, ihr den Rücken zu schrubben? Schon lange tue ich es fast ohne hinzusehen.

Ich betrachte mich im Spiegel eines jeden Zimmers, das ich reinige, und jedes Mal sage ich mir, dass meine Mutter stolz auf mich ist und dass ich die Haare habe, die sie sich immer gewünscht hat. Worüber wir uns nicht einig sind, ist, wie mein Körper aussehen soll. Ich schaue mich an und sehe, dass weiterhin viel zu tun bleibt, dass ich mich beim Essen noch besser beherrschen muss, um mein Wunschgewicht zu erreichen – ein Gewicht, bei dem meine Hüften eher so aussähen, wie bei den Mädchen von hier, und nicht wie die breiten und fruchtbaren Becken der Marokkanerinnen, die zu nichts anderem gut sind, als haufenweise Kinder zu bekommen. Meine Mutter weiß schon nicht mehr, wie sie mir sagen soll, dass ich mehr essen muss, und zwar richtiges Essen, Eintöpfe, Braten, Fleisch, Kartoffeln, Brot. Von allem etwas. Wir haben doch zum Glück hier alles zur Verfügung, uns fehlt es an nichts, was aber tue ich? Ich esse vieles nicht.

Das Körperideal meiner Mutter und meines sind entgegengesetzt. Sie hätte mich gern füllig, dick, mit einem Gesicht so rund wie der Mond (ich würde sagen, so rund wie ein Bauernbrot). Es ist ein Satz, den sie oft sagt, wenn sie Mädchen beschreibt, die sie hübsch findet: Ein Gesicht so rund wie der Mond, mit riesigen schwarzen Augen und dichten Brauen, ein schön weißes und volles Gesicht. Ich hingegen achte nur auf spindeldürre Mädchen, so wie es viele meiner Mitschülerinnen waren, in hautengen Hosen, unter denen sich Pobacken, klein und knackig wie bei einem Kind, abzeichnen. Ich sehe mir ihre Schlüsselbeine an, und sie kommen mir fast wie Gedichte vor. Oft sage ich mir, wenn ich andere Gene hätte, müsste ich mich vielleicht nicht derart anstrengen, um so zu sein wie sie und um mich integriert zu fühlen. Aber ich muss mich nur noch ein wenig besser zu beherrschen lernen, dann kann ich es auch so schaffen.

Ich gehe laufen, ich mache meinen Job, und meine Mutter bringt mir all die Hausarbeiten bei, die sie mich schon lange lehren will und für die ich nie Zeit gehabt habe, weil ich mit der Schule und den Büchern beschäftigt war. Ich koche, ich verbessere mich beim Brotmachen, bereite auch *Remsemmen* und Süßes zu, *Sfeni* und *Khringu*, ich helfe mit, wenn Feste gefeiert werden. Fast nie mehr sagt meine Mutter, was ich koche, sehe aus wie Hundekotze. Auch ihre Bemerkungen über mich in Anwesenheit der anderen Damen hat sie sich so gut wie abgewöhnt. Den Spruch »Und wenn sie einmal in einem anderen Haus lebt und kochen soll, schaut sie dann in einem Buch nach?« verkneift sie sich ganz.

Obwohl ich so viel Arbeit habe, ständig beschäftigt bin und keinen Blick erwidere, stellen mir immer noch Männer nach. Das geht seit Jahren so, seit mein Körper sich zu wandeln begann – sie sprechen mich auf der Straße an oder, schlimmer, sie stoßen einen Seufzer aus, der in ein anzügliches Einatmen übergeht. Eine Beleidigung für mich. Wende ich mich um, sehe ich ihren schmutzigen Blick, wie sie mich von oben bis unten mustern. Aber ich wende mich schon lange nicht mehr um. Ich ziehe auch keine engen Hosen und T-Shirts mehr an. Zwar trage ich kein Kopftuch, sonst könnte ich nicht in dem Seminar arbeiten, doch ich bezweifle, dass sie mich mit Kopftuch in Ruhe lassen würden. Jetzt wissen sie, dass ich verlobt bin, und selbst das ist ihnen egal. *Ziin*, flüstern sie mir zu, Schönheit, und wenn sie sich einbilden, ich hätte darauf zustimmend reagiert, und sei es mit einer kaum merklichen Kopfbewegung, flüstern sie weitere Dinge, die ich nicht höre. Manchmal zische ich ihnen, ohne meinen Schritt zu verlangsamen, ein »Lass dich in den Arsch ficken« zu, was in der Sprache meiner Mutter sogar noch grober klingt.

Ich betrachte mich in den Spiegeln dieser kahlen Zimmer und sage mir, wenn ich es schaffe, den Körper einer *Thrumescht*, einer Christin, zu haben, schlank und herb, so, wie sie es nicht mögen, dann lassen sie mich vielleicht endlich in Ruhe. Wie auch immer, sobald ich verheiratet bin, werden sie gar nichts mehr zu mir sagen. Bei verheirateten Frauen kann man sich das nicht herausnehmen.

Die Stadt bietet Kurse für die Frauen an: Nähen und Kochen, das, wovon sie glauben, es würde uns gefallen und interessieren und uns das Gefühl geben, wir gehörten hier dazu, seien ein Teil dieser Gesellschaft. Ich schreibe mich für den Nähkurs ein. Meine Mutter hätte gerne richtig nähen gelernt und bewundert die Frauen, die es mit der Maschine können und dir in Nullkommanichts eine *Qandura* schneidern. Sie näht per Hand, aber nur, wenn es etwas zu flicken gilt oder wenn sie ein Kissen oder einen Bettbezug anfertigen will. Die städtischen Angebote, sagt sie mir, seien kostenlos und würden nur von Frauen besucht. Natürlich, wer sonst sollte sich denn einfinden bei einem Nähkurs für »Frauen, die von sozialer Ausgrenzung bedroht sind«?

In einem großen, nichtssagenden Raum, dessen Decke von einigen amtsstubengrauen Säulen getragen wird, sitzen Frauen in einem losen Kreis. Sie haben sich um die Kursleiterin herum gruppiert, die tausend Jahre alt zu sein scheint. Mit verkrüppelten Händen voller Geschwülste verteilt sie die Stecknadeln, die sie sich aus dem Mund zieht. Sie redet mit den Nadeln zwischen den Lippen, und ich weiß nicht, was mehr Beklemmung bei mir auslöst, der Anblick ihrer Hände oder die Vorstellung, sie könnte eine Nadel verschlucken. Unweigerlich kommt mir die Anekdote in den Sinn, die mir jedes Mal einfällt, wenn ich eine Nadel sehe – eine ganz unbedeutende Geschichte, aber immer wieder so präsent, als bekäme ich sie gerade erst zu hören. Das ist eine der Fehlfunktionen meines Kopfes: Ich kann es nicht lassen, Dinge aus meiner unmittelbaren Gegenwart mit den Informationen zu verknüpfen, die ich darüber im Gedächtnis habe; ich kann keine Nadel sehen, ohne an das zu denken, was ich über Nadeln gehört habe.

Es war noch dort unten, in meiner frühen Kindheit. Meine Mutter saß in dem Raum, der uns als Esszimmer und als Mädchenschlafzimmer diente, neben der Tür, vor dem Herd. Nein, Herd ist nicht das richtige Wort, wir nennen ihn *Thimdschmath*, er besteht aus Lehm, und wir machen darin morgens das Brot warm oder bereiten die ´id-Spieße zu; meine Großmutter erhitzt auch Wasser und Tee darin, weil sie sich an den Gasherd nicht gewöhnen kann. Meine Mutter hatte ein Bein ausgestreckt, das andere angewinkelt und war in ein Gespräch vertieft. Mit wem? Das weiß ich nicht mehr, aber vermutlich mit einer der Tanten. Beim Reden wendete sie das Brot, schenkte Tee ein und zerteilte mit den Händen die Laibe, die schon fertig gebacken waren. Sie und die andere erzählten sich Geschichten ohne erkennbaren roten Faden. Eine ergab die nächste, bis es an der Zeit war, mit den Arbeiten des Vormittags zu beginnen – die Morgenarbeiten hatten sie schon vor dem Frühstück erledigt, sie hatten die Decken zusammengefaltet, ihre Waschungen verrichtet und das erste Gebet gesprochen, wahrscheinlich auch schon den Hof gefegt und ihn zuvor gewässert, um keinen Staub aufzuwirbeln.

Ich erinnere mich, dass meine Mutter von einer Frau erzählte, die uns nicht nahestand, sie war weder eine Verwandte noch eine Freundin der Familie. Die habe sich eine Nadel in den

Mund gesteckt, während sie etwas nähte, sei dann erschrocken, als plötzlich ihr kleiner Sohn hereingerannt kam, und habe die Nadel verschluckt.

Eine Nadel zu verschlucken, ist mit das Schlimmste, was dir passieren kann. Im Fall dieser Frau landete die Nadel im Magen, und von dort aus geriet sie ins Blut. So viele Röntgenaufnahmen sie auch von ihr machten, sie konnten die Nadel nicht finden, denn sie floss mit dem Blut durch den ganzen Körper. *Allah istar!*, riefen die Frauen, *Allah istar!*, und mich bestürmten lauter Fragen, denn ich konnte mir an der Geschichte vieles nicht erklären, auch wenn ich bislang noch nicht zur Schule ging, mich noch niemand Anatomie gelehrt oder ich irgendeine Ahnung davon hatte, wie der menschliche Körper funktioniert. Doch ich durfte nichts sagen, wenn ich weiter bei ihren Gesprächen zugegen sein wollte; meine Mutter mahnte immer, ich müsse still sein, wenn Erwachsene sich unterhielten. Schließlich hielt ich es nicht mehr aus. Zermürbt von all dem *Allah istar!* fragte ich: Und was ist dann mit ihr passiert?

Was meinst du wohl, was mit ihr passiert ist? Sie ist gestorben!

Und nie wieder ist diese unbekannte Frau, der ich in meiner Vorstellung ein Gesicht, Haare, Kleider und ein Kopftuch sowie ein Haus irgendwo weit weg von unserem verlieh, aus meinem Gedächtnis verschwunden. Solche Erinnerungen derart präsent zu haben, als wären die Dinge gerade eben geschehen, das ist eine ermüdende und nervtötende Last.

Die Kursleiterin hieß Conchita, jedenfalls nannten alle Frauen sie so. Conchita, und wie jetzt weiter? Conchita, was muss ich tun, wenn …?

Es gab drei Typen von Teilnehmerinnen: die Marokkanerinnen wie mich, fast alle alleinstehend und Bekannte von uns; die

Gitanas; und die »von hier«, die aussahen, als hätte ihnen das Leben übel mitgespielt, mit fauligen oder lückenhaften Gebissen und vom Rauchen und Trinken heiseren Stimmen. Sie saßen grüppchenweise beisammen, die Marokkanerinnen unter sich, wobei sie in ihrer Sprache redeten, die die anderen nicht verstanden, und auch die anderen voneinander abgetrennt, obwohl sie eine gemeinsame Sprache hatten. Als ich ankam, war der Stuhl neben einer Gitana frei, die ihr Haar zu einem straffen Pferdeschwanz gebunden trug. Sie war alt, dick und ganz in Schwarz gekleidet, und sie betrachtete mich von oben bis unten, mein T-Shirt und meinen langen, gerade geschnittenen Rock.

Bist du Marokkanerin?, fragte sie mich auf Spanisch.

Ich sagte ja und setzte mich.

So siehst du aber gar nicht aus.

Für einen Moment stieg eine Art Freude in mir auf, geradezu so etwas wie Stolz. Ich erwartete, dass sie zu mir sagen würde, ich sähe aus wie eine *Paya*, denn meine Gestalt und mein Haar, die Brille und die Kleidung, die ich trug, seien ganz anders als bei den anderen aus »meinem« Land.

Nein, du siehst nicht wie eine Marokkanerin aus, sondern wie eine Schwarze. Bei den Schwarzen sind ja die Handflächen und Fußsohlen weiß. Zeig mir mal deine Hand.

Fast beschämt streckte ich ihr meine Hand entgegen und unterdrückte die Empörung, die in mir aufsteigen wollte, weil sie mich für noch anders, noch exotischer, für noch tiefer aus dem Süden hielt, als ich es war.

Siehst du, du bist schwarz.

Und du bist eine Gitana, hätte ich fast erwidert.

Das Ziel des Kurses sei, erklärte mir Conchita, sich ein eigenes Kleidungsstück zu nähen, für den Anfang natürlich etwas Einfaches, und sie werde mir die Schritte ansagen, die zu tun seien. Zu Beginn schneidest du noch nicht selber zu, denn dafür muss man sich gut auskennen. Du nähst auch noch nicht mit der Maschine, das ist für die, die schon lange dabei sind. Das Wichtigste ist das Absteppen – wenn du nicht gut absteppst, wird aus der Sache nichts. Absteppen, absteppen, sage ich immer.

Ich blickte unauffällig zu den anderen hinüber, ihr Arbeitstakt war schläfrig, und ich begriff, dass dies nichts weiter war als ein Parkplatz für randständige Frauen, denen man irgendwelche Integrationsmaßnahmen anbieten wollte. Auch sollte es ein Ort sein, um den Gebrauch der katalanischen Sprache zu üben, aber die sprach dort niemand außer Conchita.

Nach zwei Stunden Absteppen, Absteppen, befiel mich ein unwiderstehlicher Drang, zur Toilette zu gehen und dort zu masturbieren, um mir die grauenhafte Langeweile zu vertreiben – dieses Gefühl, dass die Welt, für die ich mich entschieden hatte, nicht nur klein und beschränkt war, sondern sich überdies um mich herum immer enger zusammenzog. Doch als ich gerade aufstehen wollte, stürmte eine junge Frau in den Raum, sicher noch keine 30, groß, schlank, solariumgebräuntes Gesicht. Sie sprach mit schriller Stimme, die auf verstörende Weise ständig in die Höhe schnellte und sich wieder in die Tiefe senkte. Sowohl mit Conchita als auch mit uns Teilnehmerinnen redete sie, als wären wir taub, Kleinkinder, schwer von Begriff oder all dies zusammen. Sie sagte: Na, gefällt es euch hier? Na, seid ihr zufrieden mit Conchita? Ihr habt großes Glück, wisst ihr, denn sie ist sehr geduldig.

Bei all dem wackelte sie mit dem Kopf und gestikulierte unentwegt. Ich starrte sie an, war außerstande, den Blick von ihr abzuwenden.

Und plötzlich ist sie es, die mich anstarrt. Dich kenne ich, ja, dich kenne ich doch! Du warst im Fernsehen!

Ich wollte vor Scham im Boden versinken, und in meinem Kopf plärrte es: Zirkusäffchen! Zirkusäffchen!

Du bist das Mädchen mit der neun in der *Sele*!

Ich war drauf und dran, sie zu korrigieren: Neunkommafünf.

Siehst du, du bist ein Zirkusäffchen.

Mädchen, ich gratuliere dir von Herzen, das war ja sicher nicht einfach für dich! Eine ganz tolle Leistung, also wirklich ganz herzlichen Glückwunsch dazu. So gut sprichst du unsere Sprache!

Zirkusäffchen! Schau, du magst es, wenn sie dir solche Dinge sagen, obwohl du weißt, dass es eine Erniedrigung ist – du weißt, was diese Frau im Grunde denkt: Nur, weil du bist, was du bist, und da geboren, wo du geboren bist, seist du dazu bestimmt, nichts zu sein und es zu nichts zu bringen; Rückständigkeit und Minderwertigkeit seien dir in die Gene geschrieben. Deshalb ist es so ein außerordentliches Verdienst, geradezu ein Wunder, dass du den widrigen Voraussetzungen getrotzt hast.

Doch ich sehe sie an und versuche, fair zu sein, ihr nicht leichtfertig so heftige Vorurteile zu unterstellen. Vielleicht findet sie meine Leistung wirklich verdienstvoll, weil ich ihre Sprache erst als Zehnjährige erlernt habe und vor unserem Umzug in diese alte Stadt nicht einmal wusste, dass sie existierte. Vielleicht habe ich wirklich etwas Außergewöhnliches geschafft, aber ich ertrage es nicht, dass ihr bei meinem Anblick vor Begeisterung die Augen übergehen, während sie die anderen Marokkanerinnen – Frauen, die ähnlich wie meine Mutter sind, viele von ihnen können gewiss nicht lesen und schreiben und haben geheiratet, kaum dass sie das fruchtbare Alter erreicht hatten – betrachtet, als sei ihr Leben nicht wert, gelebt zu werden.

Und was machst du hier?, fragt sie mich, nachdem ich ihr unbehaglich für ihre freundlichen Worte gedankt habe.

Ja, was mache ich hier? Ich könnte ihr antworten, ich sei wie die Mundeta Ventura aus *Ramona, adéu*, die ihre Aussteuer zusammenstellt, ich müsse die Bettwäsche mit meinen Initialen besticken, denn ich würde heiraten, und deshalb wolle ich das Nähen lernen. Doch das wäre gelogen, denn bei uns stellt man keine Aussteuer zusammen, wir sticken auch nicht und schon gar keine Buchstaben. Wir fühlen uns noch nicht einmal, wie die Mundeta, in den engen Höfen des Eixample von Barcelona eingesperrt.

Um Zeit zu gewinnen, sage ich: Ach, ich wollte mir einfach diesen Kurs mal anschauen.

Aber sag, was studierst du denn nun? Das haben sie dich in dem Interview doch gefragt, Mädchen, da hast du so toll gesprochen, wirklich, die ganze Stadt, und das sage ich dir als Tochter des Bürgermeisters, die ganze Stadt ist stolz auf dich. Denn das heißt doch, dass wir hier die Dinge ganz gut auf die Reihe kriegen, oder?

Wie verbleiben wir denn nun, denke ich: Ist es mein Verdienst oder das der Stadt? Ihre schrille Stimme wird mir immer unerträglicher, je länger sie redet und gestikuliert. Sie wackelt so heftig mit dem Kopf, als würde der ihr gleich vom Hals fallen.

Im Interview hast du ja gesagt, du wüsstest noch nicht, was du machen würdest.

Ich weiß es immer noch nicht, sage ich schließlich. Ich nehme mir ein Jahr Auszeit, um es in Ruhe zu entscheiden.

Da erlischt mit einem Mal das Leuchten im Gesicht der Frau. Ich werfe einen Blick in die Runde und merke, dass alle unserem Gespräch lauschen. Zwar haben viele die Augen auf ihre Näharbeiten gesenkt, doch ich spüre, dass ihren Ohren keine Einzelheit von dem entgeht, was die Solariumgebräunte zu mir sagt.

Sie heiratet jetzt erstmal, wirft eine Marokkanerin ein, die mit meiner Mutter befreundet ist.

Was, du heiratest? Aber du bist doch noch sehr jung – wie alt, wenn ich fragen darf?

Achtzehn, sage ich, so gut wie neunzehn.

Sie schaut mich noch enttäuschter an als zuvor, und mir wird die ganze Situation so peinlich, sie erscheint mir so unwirklich, dass ich auf einmal neben mir stehe, mich von außen sehe, als wäre es gar nicht ich selbst, die diesen absurden Moment erlebt. Ich schaue mir dabei zu, wie ich mich mit verkrampften Fingern an einem Stück Stoff festhalte, wie ich mir alle paar Sekunden die Brille zurechtrücke und mir die Haare glattstreiche, weil es mir vorkommt, als wären sie plötzlich wieder kraus. Ich sehe mich vor dieser Frau sitzen, die ich gar nicht kenne und die mir Erklärungen über mein Leben abverlangt, ein Leben, von dem sie bis vor ein paar Minuten nur einen winzigen Moment auf dem Fernsehschirm mitbekommen hat. Ich sehe mich in diesem kalten Raum in einem städtischen Gebäude und denke: Wäre ich bloß rechtzeitig zur Toilette gegangen. Ich stelle fest, dass ich mich tatsächlich gerne ganz und gar erklären würde, damit diese Frau versteht, was ich tue und lasse, auch wenn nichts mich dazu zwingt; dass ich mir wünsche, sie würde mich ganz sehen, meinen ganzen Lebensweg, meine Geschichte, mich von innen und außen, sodass sie meine Entscheidung nachvollziehen könnte.

Aber das ist unmöglich, ich kann ihr nicht alles, was ich bin, in ein paar Worten darlegen, in diesem unverhofften Gespräch. Wovon soll ich ihr erzählen? Von A, von der Wunde und von der Enttäuschung, mich nicht gewollt zu fühlen? Von meiner Mutter und ihren Sorgen? Von den Männern, die mir auf der Straße nachstellen?

Und es stimmt ja, dass ich nicht weiß, was ich studieren soll. Wenn es nichts gibt, das mich genügend begeistert, um all meine Kraft darauf zu verwenden und obendrein das bisschen Geld, das wir haben; wenn ich keinen Weg einschlagen kann, der mir sicher erscheint, dann ist es doch besser, ich tue das, was von klein auf für mich vorgesehen war. Ich könnte ihr auch sagen, dass ich feige bin und mich außerstande sehe, mir ein Leben fern von hier, fern von meiner Mutter einzurichten.

Ich heirate, weil ich es will. Ich meine, weil ich es so entschieden habe.

Das kann ich mir denken, antwortet sie. Aber jedenfalls möchte ich dir meine Karte geben, und wenn du irgendwas brauchst, sag mir Bescheid. Wie kann ich dich denn erreichen? Ich bin sicher, mein Vater würde dich gerne kennenlernen. Außerdem bringen wir gerade ein paar Projekte ins Rollen, die für dich interessant sein könnten. Wir würden uns freuen, wenn du dabei wärst.

Warum denn?, frage ich mich. Woher weißt du, dass ich mich für irgendwas eignen würde? Nur weil ich Marokkanerin bin und deine Sprache spreche? Doch ich bedanke mich artig bei ihr.

Mädchen, du sprichst so toll Katalanisch!

Meine Mutter und ich sind auf Wohnungssuche. Als wir ankamen, wurde uns dieses muffige Loch in der Altstadt zugewiesen, voller feuchter Flecken, ohne Heizung, und nie fällt ein Sonnenstrahl herein, außer ganz kurz mittags im Sommer. Die Miete ist niedrig, wir können sie bezahlen, nun aber müssen wir umziehen. Damit die Familienzusammenführung genehmigt wird, hat die Wohnung gewissen Mindestanforderungen zu genügen, und das heißt, nachdem wir jahrelang hier gelebt haben, wird von uns Einwanderern etwas verlangt, das wir uns nie leisten konnten.

Meine Mutter ist zufrieden, manchmal höre ich sie in der Küche Lieder aus ihrer Jugend vor sich hin singen. Am häufigsten *Mami laasis inu*, das bedeutet »Mein Liebster«, allerdings klingt es sehr intim, und keine Frau, die etwas auf ihren Anstand hält, würde so ein Lied in Anwesenheit von Männern singen. Es gefällt mir, meine Mutter bei so guter Laune zu sehen, mir scheint sogar, sie klagt weniger über die Rückenschmerzen, die sie, ohne bekannten Grund und ohne dass etwas dagegen hülfe, von Zeit zu Zeit lahmlegen.

Wir arbeiten beide viel, ich weiterhin im Seminar, an den Wochenenden und zusätzlich unter der Woche, wann immer ihnen Personal fehlt. Meine Mutter wischt nach wie vor Treppenhäuser und macht jeden Tag ein paar Stunden lang bei Maria den Haushalt. Außerdem wird sie an den Wochenenden oft als Köchin für Feste engagiert, und der Fleischer an der Plaça dels Màrtirs, der von ihren Künsten hörte, lässt sie seit einiger Zeit

Brot für den Verkauf backen und nun, da der Ramadan vor der Tür steht, auch *Schebakia*.

Ich habe eine Wohnung besichtigt, und zwar alleine. Ich kann meine Mutter nicht mitnehmen, denn wenn die Vermieter sie mit ihrem Kopftuch neben mir erblicken, überlegen sie es sich anders. Sie überlegen es sich eh anders, aber wenn ich mit meiner Mutter auflaufe, haben wir von vornherein keine Chance. Anfangs empörte mich das, ich musste gegen die Tränen ankämpfen und es mir verkneifen, die Vermieter als Rassisten zu beschimpfen, aber was Rassismus ist, lässt sich denen nicht begreiflich machen, die ihn nie zu spüren bekommen haben und in der Gewissheit leben, dass sie hier, wie die marokkanischen Frauen sagen, »bei sich zu Hause« sind.

Am Telefon ist es sehr leicht. Ich interessiere mich für die Wohnung aus Ihrem Inserat, die am Passeig, genau. Da ich mit dem typischen Akzent dieser Stadt spreche, sind sie immer freundlich zu mir. Manchmal hegen sie, selbst wenn sie mich dann persönlich kennenlernen, noch keine Zweifel, dass ich für die Wohnung in Frage komme. Manchmal. Es hängt sehr von den Leuten ab, manche haben einen ausgeprägten Sinn für das Fremde und wissen sofort, dass ich Marokkanerin bin; andere halten mich für eine junge Frau aus Südspanien oder denken bloß, ich sei ein eher dunkler Typ. Oder jedenfalls will ich das glauben.

Bisher habe ich bei der Suche keinen Erfolg. Wenn sie mich gleich im ersten Moment als Ausländerin erkennen, beeilen sie sich mir zu sagen, es gebe schon Interessenten, und sie würden mir Bescheid sagen, falls die sich doch noch gegen die Wohnung entschieden. Natürlich rufen sie nie zurück. Aber diejenigen, die nicht auf Anhieb merken, dass ich Marokkanerin bin, machen mir am meisten Kummer. Mehrmals schon haben wir die perfekte Wohnung gefunden, mit einer gut sauber zu haltenden Küche, hinreichend Tageslicht und keinen sichtbaren Mängeln, obendrein zu einem vernünftigen Preis. Wir haben uns gut verstanden, uns die Hände geschüttelt, waren uns einig. Aber so ein Zufall, wenn ich ihnen dann die Fotokopie meiner Aufenthaltserlaubnis zugeschickt habe, taucht plötzlich ein Neffe der Eigentümerin auf, der die Wohnung braucht, weil er heiraten wird. Wenn es nicht jedes Mal wieder der Neffe wäre, würde ich die Geschichte vielleicht sogar glauben.

Ich, die ich im Philosophieunterricht über jedes beliebige Thema diskutierte, als ob es um mein Leben ginge, komme mir hilflos vor, beiße mir auf die Zunge und sage nichts, wenn ich mir diese Abfuhren einhandele. Immer beschwert ihr euch, so hallt es in meinem Kopf wider, dauernd werft ihr den Leuten Rassismus vor, ganz ohne Grund.

Nach und nach haben wir unseren anfänglichen Plan geändert. Seit unserer Ankunft haben wir im historischen Stadtzentrum gewohnt, weil die Wohnungen hier uralt und billig waren, aber, wie sich herausstellt, ist es neuerdings Mode, sich in diesen schattigen Gassen einzumieten, und viele der Gebäude werden renoviert. Um die Altstadt herum gibt es andere Viertel, die uns gefallen, aber da lehnen sie uns jedes Mal ab, das wissen wir inzwischen. Deshalb bleibt uns nichts anderes übrig, als weiter außerhalb zu suchen, jenseits des Flusses, wo »die von den Oliven« wohnen: die Immigranten, die schon länger hier sind als wir und sich selbst nicht als Immigranten betrachten, aus dem einfachen Grund, dass sie denselben Pass haben wie die Leute von hier, »von immer schon«. Ich werde also nicht nur den Familienstand wechseln, sondern auch die Wohngegend.

Meine Mutter macht *Schebakia,* und die Zutaten des Teigs bemächtigen sich meiner Nase. Vor allem das Orangenblütenwasser ist derart dominant, dass ich seiner Herrschaft nichts entgegenzusetzen habe. Ich sauge seinen Duft ein, bis er mir das Gehirn durchkitzelt und mich halb wahnsinnig macht. Der Zimt hingegen legt sich mir auf die Zunge, seinen trockenen Geruch nehme ich eher im Rachen wahr als im Kopf. Der Anis durchströmt mich überall, auf eine sanfte, aber nachdrückliche Weise. Selbst der fast unmerkliche Duft des gerösteten und gemahlenen Sesams erreicht mich und lässt mir das Wasser im Mund zusammenlaufen. Jedes der Aromen erregt mich, es fehlt nicht viel, und sie würden mich zum Orgasmus bringen. Ich übertreibe natürlich. Aber oft frage ich mich, ob meine Sinne hysterisch sind. Und ob es meiner Mutter genauso geht. Löst der Duft der Gewürze und Wässerchen, die wir dem Teig hinzufügen, bei ihr auch solch übertriebene Empfindungen aus, oder bin ich die Einzige, die von dieser Störung betroffen ist?

In der ersten Zeit nach unserer Ankunft hatten wir keine Ahnung, wie hier an die entsprechenden Produkte heranzukommen war. Unsere einzige Chance bestand darin, dass jemand aus dem Dorf anreiste und die Großeltern ihm Gewürzpäckchen für uns mitgaben, zusammen mit der obligatorischen Audiokassette, auf die sie ihre Stimmen aufgenommen hatten – ein klingender Brief, der mit einer Unzahl von Grüßen endete; wobei die *Sram* nicht bloß Grüße sind, sondern außerdem all die Umarmungen, Küsse und anderen Zuneigungsbekundungen, die mit dem Grüßen einhergehen.

Hinzu kam das Problem, dass wir nicht wussten, wie die gesuchten Zutaten hier genannt wurden; es gab (und gibt, soweit ich weiß, bis heute) kein Wörterbuch von der Sprache meiner Mutter ins Katalanische oder ins Spanische, und ebenso wenig in irgendeine andere Sprache. Wie sollte so ein Buch auch zusammengestellt werden, wenn ihre Wörter doch nur durch die

Luft flogen und einzig auf der Haut der Frauen festgehalten worden waren? Ein Wörterbuch auf Kassette müsste es sein.

Weil sich meine eigene Haut zu der Zeit noch nicht zur Schutzhülle geschlossen hatte und mein Körper noch schlummerte und mir keine Angst machte, stand nichts meiner Findigkeit im Weg. Als ich sah, wie viele Zutaten meiner Mutter fehlten, um so zu kochen wie vor unserem Umzug hierher, kam ich auf die Idee, mit einer Prise von jedem Gewürz, das wir hatten, in den Kräuterladen an der Plaça del Pes zu gehen. Ich streute mir die Proben in die Handfläche, schloss die Finger zur Faust, damit mir nichts verloren ging, und lief in das Geschäft. Beim Eintreten öffnete ich die Hand und fragte: Wie heißt das hier? So konnten wir nach und nach unser eigenes Wörterbuch erstellen: Kreuzkümmel, Kurkuma, Zimt, Ingwer, schwarzer Pfeffer, grüner Pfeffer, Safran.

Nun aber wenden die Gewürze, die ich selbst aus der Sprachlosigkeit befreit habe, sich gegen mich. Der Duft der *Schebakia*-Zutaten löst unbändigen Hunger in mir aus – einen Hunger, der eher ein Verlangen nach diesem Geschmack ist als ein Bedürfnis des Magens; ein Verlangen nach der physischen Gegenwart der Aromen auf meiner Zunge, im Inneren meiner Wangen, am Gaumen, im Rachen, an meinem Gaumensegel, das mir so dünn vorkommt, als könnte ich auch durch die Nase essen. Ich spüre, wie mir das Blut in den Lippen pocht, in der Zunge, im ganzen Gesicht, und ich sage mir, es kann doch nicht sein, dass ich nach so vielen Monaten der rigorosen Disziplin beim Essen – nur Gemüse und Wasser, wie die Mundeta, die auf dem Carrer Aribau in Barcelona herumschleicht – nun über die Stränge schlage und von solchen Kalorienbomben koste.

Die Verlockung wird so unwiderstehlich, dass mir nichts anderes übrigbleibt, als meine Mutter mit der Arbeit allein zu lassen. Ich sage ihr, dass ich kurz raus müsse, und lasse ihr keine Zeit zum Nachfragen, ich bin schon draußen und renne, so schnell ich kann. Zum Carrer Montserrat und über die Plaça Don Miquel de Clariana, ohne den Blick zu heben – meine Füße rasen abwärts, bis ich fast schon außerhalb der Stadt bin, bei den Feldern und Brachflächen, die sich zum nächsten Dorf hin erstrecken. Ich renne weiter, bis ich mich völlig erschöpft fühle. Dann atme ich den Dunggeruch von den Äckern ein und bin nicht mehr erregt.

Ich sauge den beißenden Jauchegeruch solange ein, bis mein Herz weniger heftig schlägt. Hier stehe ich, am Ausgangspunkt der Landstraße. Der Seitenstreifen ist so schmal, dass meine Mutter und ich, wenn wir hier entlanggingen, zu dem Kaninchenhof, hintereinandergehen mussten. Jedes vorbeifahrende Auto erzeugte einen heftigen Windstoß, der uns, von einem ohrenbetäubenden Krach begleitet, beinahe aufs Feld warf. Aber wir blieben immer auf den Beinen. Meine Mutter sowieso, mit ihrem festen Schritt, ihrer fast majestätischen Gestalt, an diesem Straßenrand, wo uns an manchen Stellen das Grunzen von Schweinen an die Ohren drang und sich fast menschlich anhörte.

Unmittelbar vor dem Dorf zweigte ein Feldweg ab, der im Frühling von Ginster und Mohnblumen gesäumt war. Von ebensolchen Mohnblumen, wie sie in jedem Frühjahr auf den Feldern rings um unser Dorf »da unten« blühten. Ob meine Mutter auch daran dachte, wenn sie ihren gleichmäßigen, wogenden Schritt diesen Weg entlang in Richtung der Halle lenkte, in der uns Hunderte Kaninchen erwarteten und deren Exkremente, die es zu beseitigen galt? Wurde ihr leicht oder weh ums Herz, wenn sie die Mohnblumen sah? Schließlich hatte sie, seit wir hierhergekommen waren, keinen Frühling mehr »zuhause« erlebt – die einzige Zeit des Jahres, in der die Landschaft dort grünte und sich nicht als ausgedörrtes Gemisch aus verschiedenen Ockertönen darbot. Ich weiß es nicht, denn meine Mutter und ich sprechen nie über Sehnsüchte. Außerdem wussten wir zu der Zeit noch nicht, ob wir auf Dauer hierbleiben konnten.

Unser Glück, mein Glück ist, dass meine Mutter immer schon einen unermüdlichen Arbeitseifer hatte; ihr Fleiß ist beständig und geht ihr über alles. Wenn sie auf dem Kaninchenhof ankam, raffte sie den Unterrock ihres Kleides – *Abhruar*, wieder so ein spezielles Wort für dieses längste der Kleidungsstücke für Frauen, das bis über die Füße herabhängt und manchmal über den Boden schleift, und es kommt mir wie ein Verrat an der Wirklichkeit vor, wenn ich seinen Namen nicht in der Sprache meiner Mutter sage –, ihren *Abhruar* also steckte sie in der Kordel fest, die sie um die Hüften trug, sodass sie die Beine von den Knien abwärts frei hatte. An ihrer traditionellen Kleidungsweise hielt sie auch im Christenland fest. Sie zog die dunkelgrünen Gummistiefel an, die ihr unter der *Qandura* bis zum *Sauar* hinaufreichten. Das Kopftuch trug sie über ihrem perfekten, vom Olivenöl glänzenden Scheitel geknotet. Sie krempelte sich die Ärmel hoch und befestigte sie mit diesen Gummiringen, die es neuerdings gab, eine freundliche Geste von Mutter China, um den Musliminnen rund um die Welt den Alltag zu erleichtern. Und auch allen anderen, die mit langen Ärmeln arbeiten müssen.

Handschuhe zog meine Mutter nicht an, ich habe sie nie mit Handschuhen gesehen. Sobald sie in die riesige Halle voller Käfige trat, die von den Kaninchen mit einem gedämpften Geräuschpegel erfüllt wurde, griff sie sich die Schaufel und begann die Exkremente hinauszuschippen, die sich an der Wand entlang auf dem Boden häuften. Niemals würde man denken, dass diese flauschigen und zurückhaltenden Tierchen imstande wären, solche Mengen an Scheiße zu produzieren.

Ich stehe an der Landstraße, das Blut fließt mir wieder langsamer durch die Adern, und bei der Erinnerung an meine Mutter in der Kaninchenhalle wird mir auch von neuem bewusst, dass ich sie gerade mit der ganzen Arbeit alleingelassen habe. Eine Arbeit, die ihr sehr gelegen kommt, auch wenn sie uns mit ihrer Tüchtigkeit schon aus der tiefsten Armut herausgeholt hat – wie ein Mann, würden sie bei uns unten im Dorf sagen, als wäre das ein großes Kompliment. Frau Soundso, wenn sie arbeitet, würde ich nicht gegen einen Mann eintauschen, nicht mal gegen zwei Männer, pflegten sie dort zu versichern, wenn ihnen ein hohes Lob angebracht erschien. Wie auch immer, *Schebakia* und Brot zu machen und den Leuten ihre Wohnungen in Ordnung zu halten, gefällt meiner Mutter besser, als auf den Bauernhöfen der Christen zu arbeiten. Und ich habe sie jetzt allein gelassen, dabei weiß doch jeder, dass für das Ramadan-Gebäck vier Hände das Minimum sind. Man muss den Teig ausrollen, ihn mit dem Rollmesser zerteilen, ihn formen, indem man die einen Streifen unter den anderen durchzieht, und die Ballen dann in heißem Öl frittieren. Ehe sie zu golden werden – wenn sie zu golden sind, sind sie zu trocken –, müssen sie heraus aus dem Öl, abtropfen, und hinein in den Honigtopf. Nein, es ist kein echter Honig, es ist eine Mischung aus Zucker, Wasser, Zitrone, Zimt und diesem Stein, *Schebb*, von dem ich nie herausgefunden habe, wie er hier genannt wird. Ein weißes, kristallines Mineral, das wir auch verwendeten, wenn wir aus Lammfellen Teppiche machten; meine Großmutter bedeckte die Felle mit diesem Mineral in pulverisierter Form, solange sie noch kein Teppich waren, sondern nach totem Lamm rochen. Der Geschmack von *Schebb* ist seltsam und ruft bei mir nirgendwo eine Empfindung hervor, keinen Reiz und erst recht keine Lust. Natürlich ist der Stein keine Speise, aber ein bekanntes Heilmittel bei Mandelentzündung. Ich zog, wenn mich die Angina befiel, allerdings den glibberigen Eiter in meinem Rachen vor, anstatt an dem rauen Stück *Schebb* zu lutschen, das meine Mutter mir gab und mit dem sich mein ganzer Mund anfühlte wie aus Pappe oder Kork. Ich habe versucht, den hiesigen Namen dafür herauszufinden, am Mineralienstand auf dem Samstagsmarkt, aber der Verkäufer schaute sich den Stein nur einen Moment an und gab ihn mir schulterzuckend zurück, kein Interesse, keine Ahnung. Meine Erklärungen über den Geschmack des Minerals und seine verschiedenen Verwendungen wollte er sich nicht einmal anhören. Manchmal ist es unmöglich, sich ein Wörterbuch zu machen, weil das Problem, den Dingen Namen zu geben, bloß dein eigenes Problem ist und niemanden sonst bekümmert.

Meine Mutter hat das Zuckerwasser schon gestern vorbereitet, damit es heute schneller geht – heute, da ich einen freien Tag habe und ihr helfen kann. Und kaum legte sie los, habe ich die Flucht ergriffen. Würde ich die Gerüche nicht so überdeutlich wahrnehmen, wäre alles einfacher. Könnte ich mir die Nase abreißen, würde ein Großteil der Reize wegfallen, die mich im Leben von der Rolle bringen. Und schnitte ich mir Nase, Mund, Rachen, Fingerkuppen, Handflächen, Fußsohlen und Geschlechtsorgan weg, dann wäre es ganz leicht für mich, es meiner Mutter recht zu machen.

Ich trete den Rückweg an, um sie nicht länger leiden zu lassen. Bestimmt singt sie jetzt nicht mehr beim Teig-Zubereiten, denn es ist eine Plage, das alles alleine machen zu müssen, und ich höre sie dabei vor Anstrengung ächzen, als stünde ich neben ihr, und hin und wieder entfährt ihr ein *Imma inu*, was »meine Mutter« heißt, aber nicht auf dieselbe Weise gebraucht wird wie *mare meva* im Katalanischen: Es ist eher eine Klage, ein Ruf nach Mitleid und Hilfe, als ein Ausdruck der Überraschung.

Ich laufe den Carrer Montserrat hinauf und werfe im Vorbeigehen einen Blick auf das modernistische Gebäude der Musikschule. Mir kommt die Grundschullehrerin in den Sinn, die meiner Mutter vorschlug, mich hier anzumelden, damit ich ein Instrument lernte, Klavier oder Geige oder was uns gefiel. Es war dieselbe Lehrerin, die ein Jahr nach meiner Einschulung bei der Schulleitung und der zuständigen Behörde durchgesetzt hatte, dass ich die Klasse wechseln konnte und in den Jahrgang versetzt wurde, der meinem Alter entsprach. Ich sei intelligent, hatte sie mir gesagt, und so übersprang ich praktisch eine Klasse, weil ich in einem Schuljahr den Stoff von zweien gelernt hatte; da sie mich aber anfangs zu den ein Jahr Jüngeren gesteckt hatten, landete ich nun bei den Gleichaltrigen. Je nach Stimmung war ich manchmal stolz darauf, dass sie mich hochgestuft hatten und dass ich dies als Beweis meiner Intelligenz werten konnte. Manchmal kam es mir auch lächerlich vor, denn mir war damit doch bloß bescheinigt worden, dass ich nicht dümmer war als die Kinder, die im dafür vorgesehenen Alter eingeschult worden waren. Die Lehrerin jedoch – die für mich wie eine zweite Mutter war, da sie mir die hiesige Sprache beigebracht hatte, die Sprache, in der ich heute denke – glaubte fest daran, dass ich im Leben viel erreichen konnte; alles, was ich wollte, so sagte sie mir. Das einzige Problem war: Wenn sie mit meiner Mutter über mich reden und ihr erklären wollte, was ihrer Meinung nach zu tun war, damit ich etwas aus meinen Möglichkeiten machen konnte, dann war ich es, die übersetzen musste. Und mir war es in gewisser Weise peinlich und unbehaglich, meiner Mutter zu sagen, dass ich erreichen könne, was ich wollte. Denn das hieße ja in jedem Fall, mich von ihr zu entfernen.

Die Lehrerin zahlte mir einen Englischkurs an einer Sprach-schule, doch nachdem ich zwei- oder dreimal hingegangen war, beschloss ich, wieder damit aufzuhören. Ich hatte solche Freude daran, eine weitere Sprache zu lernen, ich merkte förmlich, wie ich mich von meiner Mutter wegbewegte, und in der Düsternis unserer Altstadtwohnung an den kurzen Wintertagen wogen ihr Leid und ihre Einsamkeit so schwer, dass ich ihr das nicht antun konnte.

Die Lehrerin gab sich aber nicht so leicht geschlagen. Nach-dem es mit dem Englischkurs nicht geklappt hatte, kam sie mit der Idee an, dass ich ein Instrument lernen sollte. Sie hat viel Freude an der Musik – das sollte ich meiner Mutter übersetzen. Und auch wenn sie die hiesige Sprache kaum verstand, war deutlich zu erkennen, dass meine Mutter genau wusste, wovon die Rede war. Ich schämte mich, ihr die Worte der Lehrerin zu übersetzen, diesmal nicht, weil es darum gegangen wäre, mich von ihr zu entfernen, sondern weil ihrer Meinung nach nur leichte Mädchen sich dem Gesang und Tanz widmen: nur sol-che, die nichts taugen, die von ihren eigenen Familien verachtet werden, die nicht heiraten und keine Kinder haben und über die niemand etwas Gutes sagt; die Verstoßenen sind es, die sich solchen Dingen widmen. Oder die Verrückten, die bettelnd durch die Straßen ziehen und die *Kamandscha* spielen. Rand-ständige mit zweifelhaftem Lebenswandel, das waren für meine Mutter die Frauen, die Musik machten, wenngleich sie selbst manchmal leise und anrührend zart vor sich hin sang.

Und ja, Frauen singen und improvisieren zu ihrem eigenen Tamburinschlag wunderbare Verse, die gefeiert werden, wenn sie besonders gut gelingen. Bei Festen übertrumpfen sie sich da-rin gegenseitig, und ich, die ich gerade an der nie von mir be-suchten Musikschule vorbeigehe, bin neidisch, dass die Christen ihre Musik aufschreiben und sie einander übermitteln können, ohne dass jemand sie vorspielen muss. Ich kann nicht aus dem Gedächtnis nachsingen, was auf den Festen dargeboten wurde, und nie werde ich imstande sein, mir selbst so wohlgesetzte Verse auszudenken, zugleich originell und einem festen Schema folgend, einer Tradition, einer Machart. Verse, die mir, wenn sie mir wieder einfallen, immer etwas zu sagen scheinen, was ich bisher noch nicht verstanden habe und was alle anderen zu verstehen glauben, ohne dass sie genau auf den Sinn achten würden; Verse, die man gerne zitiert, und jeder meint zu wissen, was sie bedeuten, aber niemand ergründet sie wirklich.

Eine Sängerin, deren Lieder meine Mutter oft hörte, als wir noch dort unten lebten, war Mimount n Serwan. Auf der Kassettenhülle war sie mit Seitenscheitel und naturgewelltem Haar abgebildet, doch über sie hätte meine Mutter nie gesagt, dass sie ein leichtes Mädchen sei. Ihre melancholische Stimme säuselte »Es regnet, es regnet«, und vielleicht sollte man das exakter mit »Es fällt der Regen, fällt der Regen« übersetzen; allerdings ist es in der Sprache meiner Mutter unmöglich auszudrücken, dass es regnet, ohne zu sagen, dass der Regen fällt. Das Poetische und das Banale sind also identisch, und mir fällt nicht ein, wie sich die tiefere Bedeutung dieses Lieds wiedergeben ließe. Es fällt der Regen, fällt der Regen, und danach folgt ein Vers, an den ich mich genau erinnere, ohne erklären zu können, was er aussagt, weder wörtlich noch sonstwie. Diese Leerstelle verstört mich, zumal ich seit vielen Jahren versuche, sie zu entschlüsseln. Doch ich habe ja kein Umfeld mehr, in dem alle die Sprache meiner Mutter sprechen und ich meinen Wortschatz erweitern kann, um ihre Komplexität zu durchdringen – ich gehöre der Sprache meiner Mutter nicht mehr an. Zum Glück kommt gleich als nächstes eine dieser Zeilen, die klar wie Wasser sind: »Hättest du mich gesehen, würdest du Tränen weinen« – im Sprachgebrauch meines alten Dorfs klingt dieser Satz nicht redundant.

Soweit mein Gedankengang in den wenigen Augenblicken, die ich in Betrachtung der Schule verbringe, an der ich nie ein Musikinstrument zu spielen gelernt habe. Da tritt plötzlich jemand aus der Tür, der mir bekannt vorkommt. Aber erst, als A vor mir steht und mir in die Augen schaut, mit diesem intensiven Blick, wird mir bewusst, dass er es ist. Und ich werde rot, aber das merkt er nicht – weil niemand es bemerkt, wenn ich rot werde, bloß ich selbst spüre es. Könnte ich mich konsequent verhalten, könnte ich meinen Erkenntnissen der letzten Zeit entsprechend handeln, den Gedanken gemäß, die ich mir zur Linie inmitten meines Körpers, zur Wunde in meinem Kopf und so weiter gemacht habe, dann sollte ich ihn jetzt vielleicht umarmen. Ihn zu sehen ist, wie jemanden zu treffen, den man für tot gehalten hat, doch ich reiße mich zusammen, halte meinen Körper zurück und denke, meinen Blick und Gesichtsausdruck brauche ich nicht zurückzuhalten, denn diese ganze Geschichte ist meine, nur meine ganz allein. Er weiß nichts davon, und auch wenn unsere Beziehung einmal sehr speziell war, wäre es nicht angemessen, mich ihm nun an den Hals zu werfen, nur weil ich mich so freue, ihn zu sehen. Dass ich ihn vermisse, wie ich nie zuvor jemanden vermisst habe – auf eine ganz klischeehafte Weise, aber eben doch real und schmerzhaft –, ist kein Grund, ihm hier auf unbotmäßige Weise meine Zuneigung zu bekunden. Ich kann mir das eh nicht erlauben, die Lockenköpfe und Männer mit Schnurrbart sind überall, und es hätte noch gefehlt, dass sie mich wenige Monate vor meiner Hochzeit dabei sehen, wie ich mitten auf der Straße einen *Amdschjuf* umarme – *Amdschjuf* ist das Wort für die Menschen und Tiere, die außerhalb des Islams leben und sterben.

Er blickt mich aus seinen kleinen Augen an, und zwänge ich mich nicht zur Demut, würde ich sagen, er freut sich ebenfalls, mich zu sehen. Er lächelt, und mir kommt der Gedanke, dass vielleicht auch er mich umarmen will, aber keiner von uns bewegt sich, wir reden nur, so wie wir es immer getan haben. Er sagt mir, dass er beim Konzert eines Bekannten war, und dann fragt er mich, was ich mache.

Bisher noch nichts, antworte ich ihm und spüre, wie meine senkrechte Linie pocht, spüre das vielfarbige Licht drinnen, das herausbrechen will.

Zurzeit arbeite ich. Was ich danach mache, überlege ich noch.

Du kannst machen, was du willst, erwidert er, und ich frage mich, ob er mir damit mehr sagen will als nur diese sechs Wörter. Für einen Moment denke ich, dass das einzige, was ich mir selbst ausgesucht hätte – für alle Zeit der Welt in diesem dunklen Zimmer mit den schwitzenden Wänden zu bleiben und dort immer weiter mit ihm zu reden –, das ist, was ich eben nicht machen kann.

Er schaut mich weiter unverwandt an, und mir wird alles unerträglich, unerträglich intensiv.

Es fällt der Regen, fällt der Regen, singt Mimount n Serwan in meinem Kopf. Die einsame Mutter, die ihre eigene Mutter heraufbeschwört und, verzweifelt wie sie ist, zugleich auch noch ihre Großmutter – mit der so typischen Wendung »Mutter meiner Großmutter«, die bedeutet: meine Mutter, die du die Tochter meiner Großmutter bist, und in der sich ein Flehen um alles Mitleid auf Erden ausdrückt.

Ich hier, mitten auf einer breiten Straße, und vor mir ein Mann, der eine Welt verkörpert, der ich nicht mehr angehöre, und einen unerträglichen Schmerz, einen Schmerz des Scheiterns. *El meu amor sense casa*, Meine Liebe ohne Haus, der Vers einer Dichterin, die er sehr verehrt und die er mir einmal als persönliche Referenz nahelegte, denn sie sei eine dreifache Rebellin und ich sei eine vierfache.

Ich habe ihm nicht gesagt, dass ich heirate, aber ich erzähle ihm – um zu sehen, ob er mich dann nicht mehr so anschaut, wie er es immer getan hat – von meinen Erlebnissen bei der Zeitarbeitsfirma und bei der Wohnungssuche. Er solidarisiert sich mit mir, ihn packt diese Empörung der Leute, die empfindlich auf soziale Ungerechtigkeit reagieren. Unglaublich, sagt er. Ich sehe ihn an und höre ihm zu, weiß genau, wie er nun reden wird, in wohlgesetzten Worten, die eins nach dem anderen aus seinem Kopf herauskommen und in meinen Kopf hineingehen, denn von Herz zu Herz kann ich mit ihm nicht mehr sprechen.

Hättest du mich gesehen, würdest du Tränen weinen, so geht das Lied weiter. A ist ehrlich und aufrichtig, seine Empörung ist nicht gespielt, aber je länger er redet, desto mehr frage ich mich, ob er in Wahrheit, in Wirklichkeit etwas für mich zu tun bereit wäre. In welchem Maß würde er sich ins Zeug legen für seine Ansicht, dass ich eine bessere Zukunft verdiene, dass mein Leben anders sein soll als das meiner Mutter, meiner Großmutter und so weiter? Ich gestehe mir im Stillen ein, dass er kein Mensch ist, der zum Helden werden könnte, und dass genau deshalb meine Haut sich wieder um mich geschlossen hat. Du würdest mich nicht aus den Klauen eines Drachen retten, denke ich, so viel man mir auch von der Liebe erzählt hat. Er wiederholt noch einmal, wie ungeheuerlich er es finde, dass jemand wie ich solche Erfahrungen machen muss. Was ungeheuerlich ist, denke ich, ist, dass du hier vor mir stehst, ganz real, und dabei meine Wunde nicht einmal erahnst. Und dass meine Liebe weiterhin ohne Haus ist.

Meine Mutter und ich haben den frühen Zug genommen, fast noch im Morgengrauen. Seit einiger Zeit steht sie bereits auf, ehe es dämmert, um das *Fadschr* zu beten. Es ist neuerdings ihr Tick, dass sie eine gute Muslimin werden will – als wäre sie je etwas anderes gewesen, seit sie zur Welt kam und seit ihr Vater ihr die *Schahada* ins Ohr geflüstert hat, am siebten Tag nach ihrer Geburt, denn so lange wartet man vorsichtshalber, bis man dem Kind einen Namen gibt.

Ich finde kein Wort dafür, es gibt keines in dieser Sprache. Die einzige Entsprechung wäre die Taufe, aber das ist etwas ganz anderes. Ich bin nicht einmal imstande, den Infinitiv zu bilden für dieses Verb, das ich nur gebeugt kenne, denn in der Sprache meiner Mutter scheinen die Verben etwas so Nutzloses wie einen Infinitiv nicht zu haben. *Itsemma*, gib einen Namen, das heißt ein Geburtsfest zu begehen, um das Leben eines Neugeborenen zu feiern und ihm eine Identität zu verleihen, eine künftige Persönlichkeit, die mit dem gewählten Namen verbunden ist.

Heutzutage natürlich nicht mehr – die arabischen Namen, die jetzt in Mode sind, sind den Frauen fremd, sie wissen kaum, was sie bedeuten. Doch an der Tradition, dem Kind erst am siebten Tag nach der Geburt seinen Namen zu geben, wird festgehalten. Man nimmt an, davor könne den Kleinen noch alles Mögliche zustoßen, und dass es verfrüht sei, ihnen schon einen Namen zu geben, an den sich die Mutter dann ein Leben lang würde erinnern können. Es heißt, in dieser ersten Woche sterben viele Kinder oder werden geraubt.

Ach, die verdammten ungenauen Wörter, *geraubt werden* ist auch wieder nicht das, was mit den Kindern geschieht, die die erste Woche nicht überleben. *Ituchaef* ist ein fast unsagbares Wort, die Frauen bedecken ihren Mund, wenn sie es verwenden, und sie tun es nur, wenn es sich gar nicht vermeiden lässt. *Ituchaef* heißt, von Geschöpfen entführt zu werden, deren Name noch stärker tabuisiert, noch unaussprechlicher ist, so schlimm, dass ich ihn fast nie gehört habe. Ich würde sagen, es sind *Dschinns*, aber gefährlicher, zugleich unbestimmter, von noch vagerer Gestalt, und im Sprachgebrauch der Frauen bilden sie eine Art rätselhafter schwarzer Löcher. Daher klingt es für mich, wenn sie es wagen, *ituchaef* zu sagen, weniger nach geraubt als nach entführt von übermenschlichen Wesen.

Es gibt Momente im Leben, in denen wir besonders anfällig dafür sind, von diesen Kreaturen entführt zu werden, Momente, die höchste Wachsamkeit erfordern, und die erste Phase der Bedrohung ist gleich nach unserer Geburt. Mich allerdings hat mehr als die Furcht immer der Brauch beschäftigt, den Kindern erst Namen zu geben, wenn man zuversichtlich ist, dass sie leben werden. Ohne Namen gilt man noch nicht als Mensch – aber macht das den Verlust weniger schmerzhaft? Tut die Erinnerung der Mutter, die ein Kind verloren hat, weniger weh aus dem simplen Grund, dass sie dieses Kind in ihren Gedanken nicht bei einem offiziell registrierten Namen nennen kann?

Ach, mein Kopf, der seltsame Wege geht, bloß um über eine Neuerung im Alltagsleben meiner Mutter nachzudenken, über ihren plötzlichen Eifer, zu etwas zu werden, was sie eigentlich schon ist, seit am siebten Tag ihres Lebens mein Großvater ihr die *Schahada*, das Glaubensbekenntnis, ins Ohr geflüstert hat und sie damit zu einer Anhängerin der Religion Mohammeds machte.

In der Tat war es bis vor Kurzem noch einfach, Muslimin zu sein. Von klein auf lerntest du, dass es nur einen Gott gibt und Mohammed sein Gesandter ist – und das war alles. Meine Mutter sprach die Gebete, wann sie konnte, also nicht immer zu den vorgeschriebenen Stunden, denn das machten nur die Alten, die nichts anderes mehr zu tun hatten. Sie schob sie auf, bis sie Zeit dafür fand, und dann konnte es geschehen, dass sie fünf auf einmal sprach, in einem langgezogenen Moment der Einkehr, erfüllt nur von ihrem Wispern. Jetzt aber sagt sie, jemand habe ihr erklärt, dass die Gebete, die nicht zur richtigen Zeit gesprochen werden, weniger wert seien. Ich frage mich, welchen Sinn das haben soll; was es heißen soll, dass ein Gebet mal mehr, mal weniger zählt? Jedenfalls verwundert es doch, wenn nach Jahrhunderten, in denen dort, wo wir herkommen, immer so gebetet wurde, wie ich es von meiner Mutter kenne, viele Frauen mit einem Mal denken, sie und ihre Vorfahren hätten alles falsch gemacht. Denn nun genügt es nicht mehr, die Worte zu sprechen und nichts Schlechtes zu tun und, so gut es geht, die Vorschriften zu befolgen, sondern jetzt muss man obendrein eine bessere Muslimin sein wollen. So erklären es einige Frauen, deren Männer in die *Moschee* gehen. Wieder passt das Wort nicht ganz, aber diesmal nicht, weil es keine Entsprechung zwischen der einen Sprache und der anderen gäbe, sondern weil der Ort, auf den sich der Begriff *Moschee* hier bezieht, so weit entfernt ist von dessen eigentlicher Bedeutung, dass es schon lächerlich wirkt. Eine Moschee ist ein heiliger, ein pracht- und würdevoller Tempel, eine Art Leuchtturm in jedem Dorf des Landes, aus dem wir kommen; mit einem Minarett, das aus der kargen Landschaft aufragt, mit einem gekachelten Innenhof, in dessen Mitte ein Brunnen steht, um sich die Füße zu waschen, mit dicken Teppichen und mit genug Platz für sämtliche Bewohner des Dorfes, die sich dort nicht nur zum Beten versammeln, sondern auch, um alles Mögliche zu besprechen oder zu diskutieren. Was hingegen hier Moschee genannt wird, ist ein düsterer Raum mit feuchten Wänden, vor dessen Eingangstür die Schuhe der Gläubigen verstreut liegen und der mit schmutziggrauem Teppichboden ausgekleidet ist. Ein schlecht gelüfteter kleiner Saal, wo ein Imam, von dem keiner weiß, wie er dorthin geraten ist, predigt, wie sich seiner Meinung nach ein Muslim in diesem Land voller Gefahren und Versuchungen zu verhalten habe, in das es uns verschlagen hat. Anfangs war der Vorbeter noch ein Mann aus unserem Dorf, doch vor einigen Jahren trat einer mit langem Bart an seine Stelle, der aus Belgien gekommen war, aber aus dem Rifgebirge stammt und den ganzen Tag darüber redet, wie die Frauen sich zu kleiden haben und vor allem, ja, vor allem die jungen Töchter der Muslime, die in diesen Gefilden einer verderblichen Freizügigkeit heranwachsen.

Meine Mutter spricht nun jedes Gebet zur vorgeschriebenen Stunde. Beim Fleischer an der Plaça dels Màrtirs hat sie einen grauenhaften Wecker in Gestalt eines Prachttempels gekauft, der zum Gebet ruft, wenn es an der Zeit ist. Kommt zum Gebet, kommt zur Errettung, hat er schon vor Anbruch der Morgendämmerung in ihrem Zimmer geplärrt, wie jeden Tag, und so schafften wir es, den ersten Zug nach Barcelona zu nehmen. Auf dem Weg zum Bahnhof konnte ich ein Unbehagen nicht unterdrücken, eine merkwürdige Beklemmung, die mich beim Gedanken an meine missglückte Flucht befiel, missglückt durch mein eigenes Verschulden, wegen niemand sonst, ein Scheitern nach allen Regeln der Kunst. Bis wir am Bahnsteig standen, habe ich meinen Weg von damals vor dem inneren Auge Revue passieren lassen und bin mir dabei gewandelt vorgekommen, ganz anders als das Mädchen, das ich an jenem

Tag noch war. Es ist zwar erst ein paar Monate her, aber nun scheint es mir wie eine andere Welt, wie ein anderes Leben, das mit meinem heutigen nichts gemeinsam hat. Ich habe mir gesagt, dass ich mich glücklich schätzen kann, weil ich selbst wählen konnte, und ich habe es getan, um bei meiner Mutter zu bleiben.

Unser Zug ist einer von den alten, mit Sitzen, die weich und bequem sind, aber auch vor Schmutz starren und nach Urin stinken. Vielleicht ist es kein Urin, sondern nur das, was bleibt, wenn ständig andere Leute darauf Platz nehmen, Leute aus ganz verschiedenen Orten, aus den Bergen, von den Ebenen, aus Dörfern und Städten, manche wohlerzogen, andere Flegel, die ihre Füße auf den Sitz gegenüber legen. Unterschiedlichste Leute, die ihre olfaktorischen Spuren in diesem Gewebe hinterlassen haben. Ist das also die Menschheit? Ein Geruch nach Urin?

Meine Mutter und ich sagen nichts, als der Zug seine Fahrt verlangsamt, um die hohe Brücke inmitten der Berge zu passieren, gleich nach dem Tunnel, die Brücke, über die keine zwei Züge gleichzeitig fahren können. Dass der Triebwagen auf Schritttempo abbremst, verstärkt das Gefühl der Gefahr, das der schwindelerregende Blick in die Tiefe auslöst. Aber meine Mutter und ich geben keinen Kommentar ab. Nicht einmal *Ua aiau!* sagen wir.

Am Bahnhof Plaça de Catalunya steigen wir unterirdisch aus, und die Lichter und der Lärm der Großstadt bestürmen uns. Mich erfasst eine flüchtige Traurigkeit bei der Erinnerung daran, dass ich es nicht übers Herz brachte, mir das Leben zu suchen, das ich führen wollte. Aber diese Betrübtheit hält nicht lange an. Das Getöse, die hohen Häuser, die Leute, die an der grünen Ampel rennen, weil die Straßen so breit sind, dass man kaum hinüberkommt, ehe sie wieder auf Rot springt: All das muntert mich auf, erfüllt mich mit einem ungewohnten Optimismus. Und auf einmal ist ein Gefühl zurück, das ich seit längerer Zeit verdrängt habe – die Gewissheit, dass dies ein Ort ist, an dem ich leben könnte. Ich schaue mir an, wie die Leute ihrer Wege gehen und von niemandem erkannt werden, niemand hält sie auf, niemand grüßt sie. Keiner weiß, wohin der andere geht, keiner weiß, was der andere macht, und die Möglichkeiten, was man tun und was für ein Leben man führen kann, scheinen grenzenlos. So sehr durchdringt mich dieser Optimismus, dass ich für einen Moment denke, es ist vielleicht noch nicht zu spät, ich könnte den Weg noch zurückgehen und das tun, was wirklich zu mir passt. So sehr überfluten mich die positiven Gedanken, dass ich mir alles zutraue: Ich stelle mir vor, ich könnte hier in der Stadt mein eigenes Leben führen, könnte meine Mutter dazu bringen, mit mir zu kommen, und sie würde sich anpassen an das, wovon ich weiß, es wird mich glücklich machen. Warum denn nicht, sage ich mir. Warum sollen wir nicht hier leben können und tun, was uns gefällt, ohne irgendwem Erklärungen schuldig zu sein? Ich müsste niemanden heiraten und nicht dem Weg folgen, der mir durch eine eher kollektive als göttliche Bestimmung vorgezeichnet ist.

All dies geht mir durch den Kopf, während wir vor dem Ausgang des Bahnhofs stehen und herauszufinden versuchen, in welche Richtung wir uns wenden müssen. Ich betrachte die Rambla de Catalunya, den Passeig de Gràcia und die Tauben auf dem Platz, die sich auf jeden stürzen, der ihnen etwas zu essen hinwirft. Die Sonne erleuchtet mich, und ich denke immer noch, dass alles möglich wäre. Ich könnte meine Mutter teilhaben lassen an dem, was ich über die Stadt schon weiß, und an dem, was ich noch über sie lernen möchte. Ich würde sie in das Gràcia der Colometa aus *Auf der Plaça del Diamant* mitnehmen, in das Eixample der Mundeta aus *Ramona, adéu*, in die Universität von Josep Pla und so vielen anderen; ich würde ihr den Stadtplan zeigen, den ich einmal gezeichnet habe anhand der Bücher, die in Barcelona spielen. Ich könnte ihr das Lesen beibringen, und eines Tages, nach großer Anstrengung, wäre sie imstande, die Bücher zu lesen, die mir etwas bedeuten, sie würde meine Welt verstehen und merken, dass sie eigentlich nicht so anders ist als ihre.

Ich bin im Begriff ihr zu sagen: Lassen wir die Papiere sein, gehen wir nicht aufs Amt, machen wir lieber einen Spaziergang durch diese großen Straßen, wo uns niemand kennt, und genießen wir das Glück, hier zu sein. Bei dem Gedanken gerate ich schon ins Stocken, und der Optimismus schwindet. Ich wüsste gar nicht, wie ich all das in ihrer Sprache sagen sollte, ich habe in ihr nicht dieselben Möglichkeiten wie die Frauen aus unserem Dorf; Staunen oder Bewunderung kann ich ebenso schlecht ausdrücken wie Beklemmung oder Zweifel.

Doch ich werde nicht nach Worten suchen müssen. Als ich im Fantasieren innehalte, weil ich mich außerstande sehe, das, was ich mir ausmale, angemessen zu übersetzen, erblicke ich meine Mutter verzagt und verloren. Für sie sind die Geräusche, die Gebäude, die Straßen eine Zumutung, sie kann hier nicht sie selbst sein. Die Großstadt lässt die Umrisse meiner Mutter verschwimmen, hier büßt sie, zumindest vorübergehend, ihre stattliche Präsenz ein.

Wohin?, fragt sie mich. Weißt du, wo wir langgehen müssen? Warum fragst du nicht?

Ich brauchte nicht zu fragen, ich wusste, dass wir uns Richtung Meer und nicht in Richtung der Berge wenden und die Rambla hinuntergehen mussten. Meine Mutter erschreckt sich, wenn die Statuen sich plötzlich bewegen, weil jemand ihnen eine Münze in den Hut geworfen hat.

In der Avinguda del Marquès de l'Argentera stehen die Leute vor der Vertretung der spanischen Regierung Schlange. Menschen aller Hautfarben, Sprachen und Kleidungsweisen bilden einen Ring fast um das ganze riesige Gebäude. Ich denke: Das hier ist wirklich unser Land, das Land der Immigranten. Überall in der Welt stehen sie in solchen Warteschlangen. Manche beantragen zum ersten Mal die Papiere, man erkennt sie an einem Glanz in den Augen, der mit den Jahren erlöschen wird. Andere kommen mit dem gleichen Anliegen wie ich, wollen Angehörige aus ihrem Herkunftsland holen, also Ehepartner oder Kinder, denn das sind die einzigen Familienmitglieder, für die der Nachzug gestattet ist. Ich sage mir, dass meine Stimmungsschwankungen nicht normal seien, und suche nach einer hormonellen Erklärung für das abrupte Absacken meiner Laune. Mir ist mit einem Mal, als habe die Stadt mich an einen ihrer Ränder abgedrängt, eben in diese endlose Warteschlange, wo meine Mutter und ich geduldig ausharren zwischen lauter Fremden, mit denen wir angeblich mehr gemeinsam haben als mit den anderen Fremden, die auf dem Boulevard unterwegs sind. Die berittenen Polizisten, die dafür sorgen, dass wir alle schön dicht an der Hauswand stehen, tun ihr Übriges, um mir das Gefühl zu geben, ich käme von einem Ort, dessen Bewohner keine Menschen seien.

Ich trete auf das Sucre zu, ein sehr großes und frisch saniertes Gebäude, und um meine Nerven zu beruhigen, stelle ich mir vor, ich sei auf dem Weg in ein viel kleineres Haus, in die Albergueria, wo ich so viele Nachmittage verbracht habe. Von zu Hause aus brauche ich bloß den Carrer dels Dolors hinabzugehen, um zu dieser alten Herberge zu gelangen. Heute sind Ausstellungsräume darin untergebracht. Die zur Schau gestellten Bilder und Skulpturen haben mir selten etwas gesagt; ich denke immer, mir fehlt der Sinn für Kunst, und dieser Defekt müsse mit meiner Herkunft zu tun haben. Doch weil ich an den Räumen hinter den mittelalterlichen Mauerblöcken die Stille liebe, die verdichtete Luft zwischen den tausendjährigen Steinen, den Geruch nach einer fernen Vergangenheit, sind die Ausstellungen für mich immer eher Vorwand als Grund gewesen, mich für eine Weile dorthin zu begeben. Ein ähnliches Gefühl löst die Kathedrale in mir aus, aber klar, wäre ich dort häufiger zu sehen, würden die Leute an das Schlimmste denken, das mit einem guten marokkanischen Mädchen in den Christenländern passieren kann, nämlich dass es zum Glauben der Nachbarn überläuft. Außerdem fühle ich mich in der Albergueria geborgener, eben weil sie nicht so ein riesiges Gebäude ist.

All das denke ich, um nicht darauf zu achten, wie mir das Herz klopft, so heftig, dass alle Geräusche außerhalb meines Körpers nur noch gedämpft an mein Ohr dringen. Was habe ich hier zu suchen, an diesem Ort? In meinem Kopf hallt ein Satz wider, den die Frauen immer sagen, wenn jemand sich sehr ins Zeug legt, sich schindet oder sich in Schwierigkeiten begibt, ohne dass es etwas nutzt: *Min cham ischedden?* Einmal mehr finde ich keine gute Entsprechung für den Ausdruck. *Wer hat dir befohlen, das zu tun? Was soll dir das bringen?* Aber in der Sprache meiner Mutter ist es bildhafter: *Wer hat dir das aufgebunden?* Und auf meiner Suche nach einer möglichst wörtlichen Übersetzung sehe ich mich in eine ländliche Gegend versetzt, inmitten von Lasttieren, denen große Pakete umgeschnallt sind, und Frauen, die Bündel auf dem Rücken tragen. Doch mein Herz schlägt so hastig und macht solchen Lärm, dass es mir nicht länger gelingt, der Wirklichkeit zu entfliehen.

Diesmal hat meine Mutter nicht *Min cham ischedden* gesagt. Dabei warnt sie mich doch sonst immer vor den Gefahren, die mir drohen, wenn ich ohne Not irgendetwas auf mich nehme. Das heißt, sie wollen, dass du über die Probleme der Marokkaner sprichst?, fragte sie mich in dem sarkastischen Ton, den sie so gut beherrscht und den die marokkanischen Frauen im Allgemeinen gut beherrschen. Damit keine Missverständnisse aufkommen, schnalzen sie am Ende solcher Sätze mit der Zunge. Wobei das Schnalzen manchmal auch bedeuten kann, dass sie einverstanden sind mit dem, was die andere gesagt hat, dass die Botschaft bei ihnen angekommen ist. Mich hat dieser Laut, der sich nicht schriftlich wiedergeben lässt, nicht einmal in einer phonetischen Transkription, immer fasziniert. Die Mädchen, die dort aufgewachsen sind, vermögen ihn ganz natürlich und sehr effektvoll in ihre Gespräche einzuflechten, aber ich, die ich die Sprache meiner Mutter nur unvollständig beherrsche, habe mich nie getraut, mit der Zunge zu schnalzen. Ich kann es nicht richtig. Eine Weile habe ich es geübt, vor dem Spiegel im Bad, aber der Laut, den ich hervorbrachte, kam mir zu grob vor, zu unpräzise im Vergleich zu dem, den die Frauen erzeugten. Und wie ich dastand, reglos vor meinem Spiegelbild, kam ich mir plötzlich fremd vor – außerstande, derselben Gruppe anzugehören wie meine Mutter, gleich wie sehr ich es versuchen und wie viel ich darüber lernen würde. So kann ein Zungenschnalzen dazu führen, dass man sich entwurzelt fühlt.

Ich bin noch mit diesen Gedanken beschäftigt, als ich das Eingangstor passiert habe. Ein Geruch nach Gipswänden, eigentlich gar kein Geruch. Meine Mutter hat noch hinzugefügt, ehe ich aus dem Haus ging: Sag ihnen bloß nicht, dass das größte Problem der Marokkaner die Marokkaner selbst sind.

Nun, wie soll ich also erklären, was »unsere« Probleme sind, ohne zu erwähnen, dass die Marokkaner von sich selbst denken, sie seien per definitionem ein Problem? Werden sie von außen attackiert oder wird ihnen vorgeworfen, sie seien ein Problem, dann verteidigen sie sich, indem sie Rassismus beklagen. Wenn sie aber unter sich sind, denken sie immer, dass sie als Kollektiv viele Fehler hätten, und schämen sich dafür, wie manche von ihnen sich benehmen.

Ich trete in einen Saal mit lauter Sitzen im aufsteigenden Rund, wie ein Parlament, ein Miniparlament, und ehe ich Zeit habe, Platz zu nehmen, höre ich von der Tür her schon die Tochter des Bürgermeisters rufen. Ich bin so froh, dass du gekommen bist, wirklich, es ist so wichtig, dich hier zu haben!

Diese Frau, denke ich, weiß doch nichts über mich und hat keine Ahnung, was für einen Unfug ich reden könnte, sobald man mir das Wort erteilt.

Du wirst schon sehen, es ist ein ganz, ganz tolles Projekt – hier, diese Mappe ist für dich, such dir einen Platz aus.

Ich setze mich in den oberen Bereich des Sitzrunds, vielleicht um den Behördenvertretern nicht so nah zu sein, und schaue zu, wie die Leute eintreffen. Viele Männer, fast alle in dunklen Jacketts, einige Frauen, die sehr sorgfältig geschminkt und frisiert und strahlend blond sind, andere Frauen, die sich nicht so zurechtgemacht haben und spröder aussehen, weniger formell, aber in teure Stoffe gekleidet – die Art von Textilien, die natürlich nicht auf dem Markt zu kaufen ist. Eine von ihnen, die fortwährend die Lippen zusammenpresst, als würde sie von innen auf sie beißen, blickt in meine Richtung. Sie gratuliert mir, und ich sage danke, ohne zu wissen, wozu sie mich beglückwünscht.

Sie sagt, sie habe an der Grundschule gearbeitet, auf der ich war, und sie habe Verwandte, die an meinem Gymnasium tätig seien. Was ich jetzt mache, fragt sie.

Ich überlege. Ich kann ihr nicht sagen, dass ich arbeiten gehe, dass ich versuche, meiner Mutter das Leben ein bisschen leichter zu machen, und dass ich mich darauf vorbereite, meinen Cousin zu heiraten, der dank der Papiere, die ich ihm besorge, hierherkommen kann. Das alles wären Belege meiner mangelnden Anpassung an Werte, die nicht die unseren sind – eigensinniger sein, mehr auf sich selbst hören, bloß nicht den anderen zuliebe auf das verzichten, was man will.

Ich antworte ihr, dass ich mir ein Jahr Auszeit nehme. Und das wirkt sehr intellektuell. Sei weiter so mutig, sagt sie zu mir, und ich habe keine Ahnung, was eine gute Note in der *Selectivitat* mit Mut zu tun haben soll.

Kurz darauf tritt der Imam der Moschee in Begleitung zweier marokkanischer Männer in den Raum, und ich werde noch nervöser. Wir Frauen haben keinen persönlichen Umgang mit dem Imam, und da er ein guter Muslim ist, muss ich annehmen, dass es ihm nicht besonders gefällt, mich hier zu sehen, unter lauter Männern und Ungläubigen, und schon gar nicht, dass ich vor ihnen allen sprechen werde. Ehe er merkt, dass ich ihn anschaue, habe ich Zeit festzustellen, dass er Augen-Make-up trägt. Langer Bart und Lidschatten.

Ich werfe gerade einen Blick in die Mappe mit der Tagesordnung, als die Tür hinter einer größeren Gruppe von Männern, die in den vorderen Reihen Platz nehmen, geschlossen wird. Einer der Männer, mit einem glänzenden Glatzkopf voller dunkler Sprenkel, bleibt vorne am Pult stehen und beginnt eine Rede zu verlesen. Willkommen beim ersten interkulturellen Forum. Er legt dar, welche guten Absichten der Stadtrat mit diesem neuen Projekt verfolge, betont, wir seien quasi die erste Stadt, in der so etwas ins Werk gesetzt werde, eine Versammlung aller politischen und gesellschaftlichen Akteure und der verschiedenen Gemeinschaften.

Unwillkürlich sehe ich mich um. Als erkennbar »verschieden« erkenne ich in dem Raum nur den Imam, seine Begleiter und mich selbst, aber vielleicht haben die anderen sich maskiert. An einer Stelle seiner Rede sagt der Mann – es ist der Bürgermeister –, die Immigration sei kein Problem. Doch der Saal wirft ein leichtes Echo, und so hallt es von den Wänden wider: »Problem-em-em«.

Danach erteilt er hintereinander dem Oppositionsführer das Wort, dem Präsidenten der Handelskammer, der Vorsitzenden der Elternbeiräte und so weiter. Es dauert nicht lange, bis die Sprache auf die Klagen über die Zuwanderung kommt, speziell die marokkanische. Eine andere Zuwanderung gibt es zurzeit auch kaum, denke ich, aber weil dies ja das interkulturelle Forum sein soll, bemühe ich mich, den Reden weiter zuzuhören. Sie hielten die Öffnungszeiten nicht ein, wird den Marokkanern vorgeworfen, man müsse ihnen begreiflich machen, dass sie die hiesigen Regeln zu akzeptieren hätten und dass sie hier niemandem ihre Religion aufdrängen könnten.

Schließlich ist der Imam an der Reihe. In fehlerfreiem Katalanisch erklärt er, er habe Verständnis für das Unbehagen, das seine »Landsleute« hier manchmal auslösten, doch Verallgemeinerungen kämen niemandem zugute. Er spricht mit dem Mikrofon in einer Hand, während er mit der anderen Hand seine Worte mit Wellenbewegungen untermalt und den ganzen Saal hypnotisiert. Bei uns gibt es alle Arten von Menschen, sagt er, schauen Sie sich zum Beispiel dieses Mädchen an, das uns mit Stolz erfüllt. Auch sie ist ein Teil unserer Gemeinschaft. Ich sehe, wie seine Hand genau in meine Richtung weist, und alle wenden sich um und blicken zu mir. Ich hatte es gar nicht bemerkt, aber seit er begonnen hat, von mir zu sprechen, halte ich mir die Hand vor den Mund – eine typische Frauengeste, sich in Anwesenheit Unbekannter einen Zipfel ihres Kopftuchs oder eben die Hand vor den Mund zu halten, als sei es ungehörig, die eigenen Lippen zu zeigen.

Schon eine ganze Weile sitze ich nun so da, denn während der Imam sprach – so elegant und selbstsicher, unbeeindruckt von den verblüfften Blicken der Anwesenden (von denen manche gewiss denken, er habe hier nichts zu suchen), vielleicht stolz auf die Wirkung, die sein Auftritt hatte – kam ich mit den Fingern in die Nähe meiner Nase und nahm den Geruch der Sardinen an ihnen wahr, die ich heute für das Mittagessen zubereitet habe, Sardinen mit Knoblauch und Koriander, dazu Paprikagemüse; ihren Geruch und den der Seife, die ich reichlich verwendet habe, weil ich ebendiesen Sardinengestank nicht ertrage. Aber er ist in meine Haut eingedrungen, und während der Imam spricht, fühle ich mich marokkanischer denn je, denn kein Geruch ist so typisch für marokkanische Frauen wie diese Mischung aus Sardinen und Seife. Nun geht alles sehr schnell. Während ich mich noch mit den widerlichen Reizen in meiner

Nase befasse, höre ich den Bürgermeister sagen, dass er mir das Wort erteile.

Ich nehme das Mikrofon und weiß nicht, ob auffällt, wie sehr ich zittere. Ich muss meine Stimme von irgendeinem abgelegenen Ort zurückholen, wo sie sich versteckt hat, und sobald ich anfange zu sprechen, verhaspele ich mich auch schon. Sardinen, Knoblauch und Seife. Ich sage mir, dass ich mich konzentrieren und mich an das erinnern muss, was ich mir zurechtgelegt habe: Wenn wir über die Probleme der Marokkaner reden, was, wie mir gesagt wurde, heute das Thema sei, denke ich, das größte Problem sind die Papiere, danach die Wohnungssuche und schließlich die Bildungsmöglichkeiten für Frauen. Mit den Papieren verliert man viel Zeit und hat man viel Ärger. Dass die Leute uns vielerorts nicht als Wohnungsmieter akzeptieren wollen, macht uns ebenfalls sehr zu schaffen. Und die marokkanischen Frauen hätten gerne mehr Möglichkeiten, Lesen und Schreiben zu lernen – doch es müssten Kurse nur für Frauen sein, denn wenn Männer dabei sind, können die Frauen nicht hingehen.

Als ich diesen Satz zu Ende gesprochen habe, erhebt sich ein Tuscheln im Saal. Ich verstehe nicht, was die Leute sagen. Der Bürgermeister bringt sie zum Schweigen und antwortet mir: Ich glaube, man hat Sie nicht hinreichend über das Anliegen dieser Zusammenkunft unterrichtet. Wir haben uns vorgenommen, über die Beziehungen zwischen den verschiedenen Gemeinschaften zu sprechen und nicht über die speziellen Probleme einer dieser Gemeinschaften. Jedenfalls muss ich Ihnen sagen, dass das Thema der Aufenthaltspapiere unter staatliche Zuständigkeit fällt und dass wir von hier aus da wenig machen können. Bei der Frage nach den Mietwohnungen steht es uns ebenfalls nicht zu einzugreifen, schließlich ist es Entscheidung der Eigentümer, an wen sie vermieten. Was ich Ihnen sagen kann, ist, dass die Stadtverwaltung in letzter Zeit diverse Inspektionen hat durchführen lassen, um Wohnungen aufzulösen, die den hygienischen Mindeststandards nicht genügen. Auch haben wir mehrere überbelegte Wohnungen geräumt, mehr aber können wir nicht tun. Ich freue mich sehr zu hören, dass die Frauen bei Ihnen an Bildungsangeboten interessiert sind, und ich bitte Sie, die Damen davon zu überzeugen, dass sie sich bei den Kursen an der Sprachschule und an der Abendschule anmelden, wo man sie mit offenen Armen empfangen wird. Auf keinen Fall aber wird es möglich sein, Lerngruppen speziell für sie einzurichten, denn das verstieße eklatant gegen unsere kulturellen Werte. Für uns ist es unabdingbar, dass Frauen und Männer gleichberechtigt leben, und wir können diesen Grundsatz unseres Miteinanders nicht aufgeben.

Als die Debatte zu Ende ist, will ich am liebsten wegrennen. Ich habe einen Geschmack von Rost auf der Zunge, von dem ich nicht weiß, woher er kommt – wohl von der Empörung darüber, dass sie mich nicht eingeladen haben, um über die Probleme der Marokkaner zu sprechen, sondern über die Probleme mit den Marokkanern. Wie dumm du bist, sage ich mir, und im Kopf kreist mir der Satz *Min cham ischedden.*

Als ich schon fast an der Tür bin, stellt sich mir die Tochter des Bürgermeisters in den Weg und fragt, ob sie mich noch einen Moment sprechen könne.

Bald, sagt sie zu mir, werde die Stadtverwaltung vermutlich eine Mediatorin brauchen, und man habe da an mich gedacht.

Aber ihr habt doch schon eine, oder?, erwidere ich: Die, die mir ausgerichtet hat, dass ich hierher kommen soll.

Und die hat doch, denke ich, sogar studiert, sie beherrscht alle Sprachen der Marokkaner und der Nicht-Marokkaner hier in der Stadt, ist herzlich und liebenswürdig, und Frauen wie

Männer haben vor ihr einen Respekt, der größer ist als der potenzielle Neid darauf, dass sie für das Rathaus arbeitet.

Ja, aber sie fällt bald aus, sie ist schwanger. Außerdem gibt es noch ein weiteres Problem. Anfangs waren wir sehr zufrieden mit ihrer Arbeit, aber dann hat sie plötzlich geheiratet, einen jungen Mann von da unten, ich weiß nicht, ob es ihr Cousin ist oder so – und nach der Hochzeit begann sie Kopftuch zu tragen. Ein Kopftuch bei der Stadtverwaltung, das ist natürlich ... Wir haben versucht, mit ihr zu reden, aber sie sagt, sie trägt es, weil sie das will, und sie wird es nicht ablegen. Das heißt, nach dem Mutterschutz wird sie nicht mehr für uns arbeiten.

Ich verlasse den Ort mit Bauchschmerzen und einer wirren Gefühlsmischung. Ich fände es schön, noch etwas anderes zu tun als zu kochen und zu putzen, doch ich fühle mich als Verräterin. Denn ich habe es nicht gewagt, der Tochter des Bürgermeisters zu sagen, wie unglaublich ich es finde, dass eine Frau mit so viel Talent ihre Arbeit nicht weiterführen darf, nur weil sie ein Stück Stoff um den Kopf trägt. Ich habe die Mediatorin nicht in Schutz genommen, obwohl ich weiß, dass ich selbst bald einen Mann von da unten heiraten werde, einen Cousin oder so.

Meine Mutter ist eine Revolutionärin. Um die Tradition zu wahren, um die anstehenden Dinge so zu tun, wie es immer war und wie es sich gehört, hat sie entschieden, dass meine Hochzeit transkontinental sein wird, transmediterran, so wie die Fähren zwischen Spanien und Marokko. Eine internationale Hochzeit. Nun ja, wollte sie wirklich die Tradition wahren, dann würde sie mich auf einem Esel zum Haus meines Bräutigams führen, in eine Männer-*Djellaba* aus dicker Wolle gehüllt, den Kopf unter der Kapuze verborgen, sodass ich aussähe wie einer vom Ku-Klux-Klan, oder als wollte ich bei einer spanischen Osterprozession mitschreiten.

Ich weiß, dass eine meiner Tanten noch auf diese Weise geheiratet hat. Meine Mutter sagt, es sei unmöglich, dass ich mich daran selbst erinnerte, gewiss habe mir nur jemand davon erzählt oder mir ein Foto gezeigt, denn als diese Tante heiratete, sei ich gerade einmal zwei Jahre alt gewesen. Doch ich sehe sie deutlich vor mir, auf dem Esel, im Seitsitz, die Beine fest geschlossen, sich mit einer Hand hinten am Sattel festhaltend, die andere auf das Gewand gelegt. Ihre hennarote Hand auf dem Stoff war der einzige sichtbare Teil ihres Körpers, und für mich waren die gefärbten Hände damals die erstaunlichste Sache der Welt. Ich erinnere mich auch, dass dieselbe Tante mir in der Hennanacht – in der die Braut ihre Freundinnen zu Gast hat und sie sich alle zusammen die Füße und Hände mit der grünlichen Masse einreiben – einen kleinen Kreis damit auf die Handfläche malte.

Wenn ich heute daran denke, fällt mir auf, dass dieses Beisammensein in der Hennanacht einer Pyjamaparty ähnelt, aber solche Bezüge lagen mir in dem Moment natürlich noch völlig fern. Woran ich mich aber genau erinnere, ist der Kummer, den die Situation in mir auslöste. Die Tante hatte mit uns zusammengewohnt, und das würde sie nun nicht mehr tun, denn von nun an hatte sie »ihre eigene Kammer, ihr eigenes Zimmer«, ihr eigenes Zuhause. Dieses Glück wünschen die Frauen den noch alleinstehenden jungen Mädchen: Gebe Gott dir eine gute Kammer. Wenn zu viele Jahre vergehen, ohne dass die Beschwörung Wirkung zeigt, verlegen sie sich irgendwann darauf, der immer noch nicht Verheirateten Gesundheit zu wünschen, das ist schließlich das Wichtigste.

Dass die Tante nicht mehr bei uns wohnen würde, machte mich traurig, größeren Eindruck jedoch hinterließ bei mir dieser Anblick von ihr auf dem Esel, ihr Kopf verhüllt, als würde sie zur Schlachtbank geführt und nicht in »ihre Kammer«. Meine Mutter sagt, das seien nur meine Gedanken von heute, damals hätte ich das ja noch gar nicht beurteilen können. Aber wenn ich mich anstrenge, kann ich die Beklemmung bis heute genau spüren, die mich erfasste, als ich sah, dass der Tante die Augen verdeckt waren. Wir konnten ihr Gesicht nicht sehen, und sie ließ sich wegbringen, ohne ein Wort zu sagen.

Jedenfalls heiratet heute niemand mehr so, sagt meine Mutter. Heute werden Fotos gemacht, heute essen der Bräutigam und die Braut zusammen Datteln, heute nehmen sie sich bei den Händen, die Braut trägt ein schönes Kleid mit Schleier, es wird ein Feuerwerk gezündet und die Autos hupen.

Das erzählt meine Mutter ihrer Freundin Mumna in einem geheuchelt klagenden Ton. In Wahrheit beseelt sie die Vorstellung von meiner Hochzeit. Sie hat beschlossen, innovativ zu sein, um die Traditionen zu wahren, und so feiern wir die Hochzeit international.

Kürzlich sind die Papiere angekommen, ein Schreiben, demzufolge meinem Cousin eine Aufenthaltserlaubnis zur Familienzusammenführung gewährt wird und er binnen einer Frist von vierzig Tagen bei der für ihn zuständigen Vertretung der spanischen Regierung den entsprechenden Ausweis zu beantragen hat. Das Schreiben wirkt wie ein schlechter Scherz – als könnte mein Cousin an der Grenze einfach sagen: Wissen Sie, auf der anderen Seite erwarten sie mich, um mir einen Ausweis auszustellen; und als läge die nächste Vertretung der spanischen Regierung nicht Tausende Kilometer von seinem Wohnort entfernt. Deswegen werde ich ihm das Schreiben bringen, er wird damit ein Visum für den Grenzübertritt beantragen können, und damit bringe ich ihm auch mich selbst dar. Mein Cousin-Ehemann darf sich glücklich schätzen über zwei so gut ausgewählte Geschenke, die er aus dem schlichten Grund erhält, dass er der Lieblingsneffe meiner Mutter ist. Und weil höher als das, was er oder ich vielleicht wollen, die Familie steht, die Traditionen und der Segen, den diese Verbindung uns allen bescheren wird.

Meine Hochzeit wird hier beginnen, in dem Land, das nicht unser Land ist, aber wo meine Mutter und ich seit Jahren leben, und vollenden werden wir die Zeremonie dann auf der anderen Seite eines Meeres, das für uns nichts weiter ist als eine Reiseroute.

Seit gut zwei Wochen bereiten wir das Fest vor. Wir beide zusammen, und manchmal hilft Mumna noch meiner Mutter, aber ich habe mich auf die Süßspeisen spezialisiert. In der neuen, komfortablen, allerdings weiter vom Stadtzentrum entfernten Wohnung nehme ich keinen Geruch feuchter Wände mehr wahr. Das Gebäude hat eigentlich gar keinen Geruch, ihm fehlt ein

Geruch, würde ich sagen, auch wenn manchmal der Jauchegestank hereinweht. Wir sind hier näher bei den Feldern, ein paar Straßen weiter wird schon Gerste angebaut, die zum Ende des Frühjahrs ein kleines grünes Meer bildet, in sanfte Wogen geworfen, wenn eine frische Brise geht.

Brise ... was für ein Wort. Ich bin nun fern von der Schule, von den Büchern, fern von den Wörtern, die früher so selbstverständlich in meinem Kopf lebten, die ich mir auf der Zunge zergehen ließ, wenn ich ihnen begegnete, und in denen ich dann immer wieder Bedeutungsnuancen entdeckte, die ich bis dahin übersehen hatte. Heute kommt es mir vor, als zeugten sie bloß von Pedanterie, von einem kindischen Drang, mich mit der Wirklichkeit, wie sie ist, nicht abzufinden und sie mit wohlklingendem Vokabular aufhübschen zu wollen. Jetzt lerne ich allmählich, mich der Wirklichkeit zu stellen, und verabschiede mich von diesem Tick, suche nicht mehr Trost und Zuflucht in seltenen Wörtern, die nur in der Schriftsprache vorkommen oder in einer Welt, die ganz anders ist als meine, die Welt der Intellektuellen, der Gelehrten, der Literaten, der großen Meister. Was habe ich davon für eine Ahnung, als Tochter einer Analphabetin? Gar keine. Aber nach wie vor kommen mir Wörter wie *Brise* in den Sinn. Die *Brise* trägt mich zu dem Gedicht, in dem es heißt *Lass dich küssen* und *Dein Kuss bleibt auf den Lippen, solange die Liebe andauert.* Und das lässt mich an die Liebe denken, an das, was sie ist und was sie nicht ist. An so viele Gespräche mit A über ihr Wesen, ihre Ausdrucksformen, die verschiedenen Vorstellungen von Liebe im Lauf der Geschichte. Der westlichen Geschichte natürlich, denn die Geschichte der Welt meiner Mutter hat mir nie jemand erzählt, und ich bin langsam so weit, dass ich denke, wegen meiner Herkunft, meiner Klasse und meiner Lebensumstände wäre meine Liebe unweigerlich etwas Vorgefertigtes – eine Liebe, die jemand anders erdacht und entworfen hätte. Auf diese Weise zwinge ich mich, zur Wirklichkeit zurückzukehren, und suche Abstand zu den gefährlichen Gedanken, die mich an dem zweifeln lassen, was ich im Begriff bin zu tun. Nein, ich werde nicht *ohne eine andere Frucht als die Brise auf meiner Wange* sterben.

Doch es gelingt mir nicht, meine Gedanken im Zaum zu halten, schon schweifen sie von neuem in das dämmrige Schulzimmer ab, wo ich mit A zusammen las, mit ihm über Gedichte und andere Texte diskutierte, über Bewegungen, Künstler und Philosophen, über das Leben, das sich hinter jedem Satz verbirgt. Dort drinnen fühlte ich mich gut begleitet, geborgen, gegen alles gewappnet, und wenn ich mir diese Empfindungen bewusst mache, verspüre ich eine unermessliche Einsamkeit. Ich sage mir: Wie lächerlich, dein jugendlicher Hormonrausch, der dich solch unbedeutendes Geschwätz in den Glanz alter Filme tauchen ließ und aus jeder Geste ein großes Ereignis machte, das du danach, allein in deinem knarzenden Bett, so lange durchgekaut und ausgelutscht hast, bis das nächste dieser Ereignisse an seine Stelle trat.

Als erstes habe ich für das Fest die Plätzchen zubereitet, die wir »Hufspuren« nennen, weil sie in ihrer Halbmondform an die Abdrücke erinnern, die ein Pferd oder Esel hinterlässt. Kiloweise Mandeln haben wir beim Metzger gekauft, für all das Gebäck, ich habe sie abgebrüht und dann zusammen mit meiner Mutter geschält. Auch eine kleine elektrische Kaffeemühle habe ich besorgt, die eignet sich gut, um die Hartfrüchte zu mahlen. Als Füllung für die Halbmonde habe ich die Mandeln mit Orangenblüten, Zimt und Zucker gemischt. Ich habe den Teig mit den Fingern geknetet, aber weder der Duft des Orangenblütenwassers noch die Textur der Masse lösen in mir all die Empfindungen von früher aus. Ich habe meine Sinne jetzt besser im Griff, und auch wenn ich die Mischung der Düfte angenehm finde, bin ich weit entfernt von dem Kontrollverlust, von dem übermächtigen Gefühl, sie würden mich durchdringen. Als hätte sich meine Nase inzwischen gewappnet und ich könnte mich viel besser vor dem Ansturm der Gerüche schützen. Die unsichtbare Linie auf meinem Körper spüre ich fast nicht mehr, sie hat sich so tief eingesenkt, dass ich mich schon frage, ob sie je existiert hat. Nicht einmal ein leichtes Pochen in den Lippen, zwischen den Brüsten oder im Unterbauch. Ich bin endlich stetig und diszipliniert geworden und halte all das auf Abstand, was mich verstörte, mich ablenkte, mich von der Wirklichkeit entfernte, von dem praktischen Sinn, den meine Mutter und ich brauchen, um weiterzukommen. Hätte sie sich von ihren Gelüsten leiten lassen, dann wäre ich nicht hier und hätte nicht so leben können, wie ich lebe. Meinen Cousin zu heiraten ist kein hoher Preis, wenn man bedenkt, dass sie sich immer für mich aufgeopfert hat.

Die Halbmonde haben mich einen ganzen Tag lang in Anspruch genommen, vom frühen Morgen bis spät in die Nacht. Wir wollten sie feiner machen, weniger rustikal, angepasst an die Gaumen der marokkanischen Einwanderer hier, von denen anzunehmen ist, dass sie weniger arm sind als die dort unten, dass sie sich schon an den Überfluss »des Auslands« gewöhnt haben und keine Riesenportionen mehr brauchen, damit sie den Eindruck gewinnen, die Gastgeber würden sie großzügig bewirten. Eine gewisse Mäßigung bei den Feierlichkeiten kommt in Mode, es muss nicht mehr so übertrieben aufgetischt werden, um zu zeigen, dass man über die nötigen Mittel für ein gutes Festmahl verfügt. Trotzdem bleibt nach wie vor bei fast jeder Feier reichlich Essen übrig. Die Furcht, dass die Gäste nicht satt werden oder nicht auf ihre Kosten kommen könnten, ist im kollektiven marokkanischen Gemüt so tief verwurzelt, dass sich Gewohnheiten nicht von einem Tag auf den anderen umstellen lassen. Allerdings ist meine Mutter eine Pionierin, eine Vorreiterin beim Wandel der Traditionen, und so war sie damit einverstanden, das Gebäck kleiner zu formen – eher um den Gästen den Mund zu süßen als um sie zu mästen, hat sie gesagt. Deshalb geriet es zu so einer mühseligen Arbeit, die »Hufspuren« anzufertigen, ich musste den Teig ausrollen, um ihn dünn genug zu bekommen, damit der Geschmack der duftenden Füllung stärker ist als der der knusprigen Mehlhülle.

Am Ende des Tages sind mir die Schultern schwer, meine Finger gehorchen nur noch mit Verzögerung, und die Arme tun mir weh. Meine Mutter hat mir zwischendurch geholfen, aber morgen muss sie früh aufstehen und arbeiten gehen, und so stand ich am Ende wieder allein am Esstisch, mit der Teigrolle, mit lauter Ofenblechen, die noch zu füllen waren, und mit dem Fernseher im Hintergrund. Das schwache Deckenlicht machte mich plötzlich traurig. Umso besser, dachte ich, so werde ich nun weinen, wie es sich für eine Braut gehört.

Ich erinnere mich, dass ich Braut gespielt habe – vor sehr langer Zeit und in einer Welt, von der ich oft bezweifle, dass es sie gegeben hat, die aber sehr hartnäckig darin ist, mir Bilder, Geräusche und Gerüche zurückzubringen, die längst in meinem Gedächtnis begraben, längst in versteinerte Tiefen abgesunken sein sollten. Eine dieser Erinnerungen ist ein Kopftuch meiner Mutter, wie es mein Gesicht berührte, als ich Braut spielte. Ich hatte es auseinandergefaltet, es mir im Nacken zugebunden und es dann nach vorne umgeschlagen, damit es mein Brautschleier sein konnte. Zusammen mit einem Mädchen aus der Nachbarschaft oder einer Cousine, mehr oder weniger in meinem Alter, allerdings kommt mir weder ein Gesicht noch ein Name in den Sinn. Oder spielte ich alleine? Ich schritt mit dem Schleier durchs Zimmer, ernst, traurig und mit eingezogenen Schultern, so wie jemand, der an einen unangenehmen Ort geht, und ich setzte mich hinten in die Ecke. Denn ehe die städtische Mode der *Mtarbath* sich verbreitete, eine Art Sofa aus Schaumstoff auf einem mehr oder weniger verzierten Holzgestell; ehe also jemand auf die Idee kam, die Braut müsse sich bei ihrem ersten Auftritt hinten im Raum auf eine Art Altar setzen, umrahmt von den anderen Frauen der Familie, die sich zu beiden Seiten neben ihr auf dem Boden niederließen; ehe diese Sitte aufkam, hockte sich die Braut in die Ecke. Mir war die Vorstellung peinlich, dass meine Tanten oder meine Mutter mich zufällig entdecken könnten, wie ich an dieser so bequemen Stelle saß, die zwei aufeinandertreffende Wände bilden, und dass sie zu mir sagen würden: Na so was, heiratest du etwa? Ich fand es immer peinlich, wenn vom Heiraten die Rede war, vor allem, weil mir schon kurz nach meiner Geburt mein Onkel – der Vater des Cousins, der nun mein Ehemann sein wird – halb im Scherz einen goldenen Verlobungsring über den Finger geschoben hatte. Wenn die Frauen mir davon erzählten, lachten sie, denn niemand kann sich schon als Säugling verloben, aber ich fand das nicht lustig. Wenn ich Braut spielte, durften sie mich nicht erwischen, sonst hätten sie diese Anekdote ins Inventar der Geschichten aufgenommen, die bei jedem Familientreffen zum Besten gegeben wurden.

In meiner Erinnerung kommen solche Reflexionen natürlich nicht vor. Es handelte sich um eine Szene, die ich anscheinend oft bei den Bräuten im Dorf beobachtet hatte. Ich erinnere mich, wie mir das Tuch vor dem Gesicht hing, wie ich angestrengt durch den bunten Stoff blickte und mich in Richtung Zimmerecke vortastete. Dort angekommen, lüftete ich den Schleier. Das Tuch, um meine Stirn gebunden, wallte mir wie ein langer Haarschopf über den Rücken, und ich in meiner Ecke versuchte zu weinen, denn alle Bräute weinten, wenn sie in der Ecke saßen.

Heute weint keine Braut mehr, hat Mumna einmal zu meiner Mutter gesagt, und meine Mutter stimmte ihr zu. Damals weinten die Bräute, weil sie nicht wussten, wohin sie gingen, heute aber wählen sie selbst ihre Ehemänner aus, bestimmen darüber, wie die Hochzeit gefeiert wird, wen sie einladen und wen nicht, heute haben sie das Sagen. Uns hätte es damals ferngelegen, irgendwelche Forderungen zu stellen. Und wir weinten, weil wir von der Mutter weggingen, vom Vater, von der ganzen Familie, und weil wir wussten, von nun an würden wir sie nur noch bei Feiern oder zu besonderen Gelegenheiten sehen. War der Mann eifersüchtig, dann nicht einmal das, dann ließ er dich nirgendwohin gehen, ich habe Frauen gekannt, die ihre Mütter nicht wiedersahen, bis sie sie waschen und begraben mussten, *Llah istar, Llah istar!*

Aber mit alldem hat meine Hochzeit nichts gemein, ich ziehe nicht von meiner Mutter weg, sondern werde weiter mit ihr zusammenleben. Und es ist nicht der Bräutigam, der mich abholen kommt, sondern ich hole ihn. Er wird mich auch nicht ernähren, sondern ich ihn, zumindest am Anfang.

Wie dem auch sei, ich frage mich immer noch, ob ich weinen kann oder nicht, wenn unsere Lebensumstände doch so anders sind als die der Bräute von früher. Und ich erinnere mich, dass ich beim Brautspielen seinerzeit schreckliche Angst hatte, ich würde da mit meinem Schleier vor dem Gesicht sitzen, und wenn ich ihn höbe, sähe ich nicht traurig aus, weil ich mein Elternhaus verlassen sollte, sondern jemand könnte denken, ich sei fröhlich, weil ich heiratete. Das wäre sehr peinlich, ich wusste zwar nicht, warum, doch ich hatte die Vorstellung verinnerlicht, dass nur die leichten Mädchen sich darüber freuten zu heiraten. Ich übertrieb meine Leidensmiene, um ganz und gar untröstlich zu wirken, aber diese Angst hat mich noch viele Jahre begleitet. Die Angst, es könnte zu offensichtlich sein, dass ich große Lust darauf hatte, eine Frau zu werden.

Den ganzen Tag erklingt *Sdaq-Sdaq*-Musik, die mitreißt. Liedchen mit wenig Inhalt, leicht und sich endlos wiederholend, aber von ansteckender Fröhlichkeit. Meine Mutter hält nicht viel von Gesang und Tanz, doch ein Fest ist kein Fest ohne diese Lieder. Bei denen sind heutzutage sogar Frauen zu hören; sie singen im Hintergrund *Ju-ju*, in einer verträglichen Dosis. Das hielt Mumna – die sich großzügig erboten hatte, meiner Mutter in der Küche zu helfen – heute früh nicht davon ab, beim Betreten unserer Wohnung selbst einen dieser gutturalen Schreie auszustoßen, wie sie Frauen an Festtagen manchmal von sich geben. Wir hatten es nicht kommen sehen, doch kaum setzte sie den Fuß über die Schwelle, legte sie los mit einem *Ju-ju-ju-ju-juuuuuu-ju-ju*, das immer lauter und schriller wurde. Damit man sie auch gut hörte, hielt sie sich zur Verstärkung noch die hohle Hand vor den Mund. Meine Mutter lief ihr entgegen, um ihr zu sagen, bitte nicht, wir sind doch hier nicht in unserem Land, aber sie war nicht zu bremsen. *A Thamschunt*, rief meine Mutter ihr zu, was *du Unselige* bedeutet, aber auch zu jemandem gesagt wird, der alleinstehend ist. Immer, wenn mir dieser Ausdruck begegnet, denke ich, er hat seinen Ursprung darin, dass es nichts Unseligeres gibt, als allein zu sein.

Allein bin ich in diesen Momenten nicht. Allein ist das einzige, was ich nicht bin. Die Wohnung hat sich mit Frauen gefüllt, sie sitzen im Esszimmer auf lauter *Mtarbath*, auf unseren, die wir nach dem Umzug hierher gekauft, und zwei weiteren, die wir uns für heute geliehen haben. Sie tragen Festkleider, *Qan-*

duras und *Dfain*, das sind die aus zwei Lagen Stoff. Alle in leuchtenden Farben, mit aufgedruckten Mustern und mit Pailletten, so ist es jetzt Mode, und auf dem Weg durch die Stadt haben sie sie, um nicht die Blicke auf sich zu ziehen, unter einfarbigen, unauffälligen *Djellabas* verborgen. Allerdings sind *Djellabas* gewöhnlich kürzer als *Qanduras*, und die *Dfain* mit den weiten Ärmeln, wie man sie heute trägt, sind sogar übertrieben lang. Also erscheinen die Frauen bis zu den Fußknöcheln und Handgelenken diskret gekleidet, doch die knalligen Stoffe, die sie darunter tragen, quellen hervor. Nun ja, eine Marokkanerin fällt in dieser Stadt eh immer auf. Schon der Anblick des Kopftuchs und der langen Kleider erregt die Aufmerksamkeit derer, die seit jeher hier leben und nicht verstehen, warum plötzlich laute Fremde hier sind.

Die Frauen treten ein und geben ihre *Djellabas* meiner Mutter, die sie in meinem Zimmer auf dem neu gekauften Ehebett ablegt. Ein weiterer wesentlicher Unterschied zu einer traditionellen Hochzeit: Die Möbel habe ich gekauft, nicht der Bräutigam. Allerdings sind es billige Möbel, die sich nicht abbauen lassen, denn wenn man sie dann wieder aufbauen will, sind die Schraublöcher schon so ausgeleiert, dass die Teile nicht mehr zusammenhalten. Das Kopfende des Bettes ist mit einem nicht gerade ansehnlichen Melamin-Gemisch überzogen, aber es war die Kombination von Bett und Kleiderschrank, die wir uns leisten konnten. Besser als mein altes Bett mit den knarzenden Sprungfedern ist es allemal, das haben wir schon auf den Müll geworfen.

Die Gäste bringen auch Geschenke mit, die sich an einer Seite des Bettes häufen. Auf der anderen sitzt die *Neggafa*, die Braut-Ausstatterin, dafür zuständig, mich in die verschiedenen Kleider zu hüllen, in denen ich im Lauf des Abends erscheinen werde. Beklommen sehe ich zu, wie sich die gemusterten Polyesterdecken *made in China* zu stapeln beginnen, desgleichen die Tee- oder Kaffeeservices, die wir nie benutzen werden, denn Marokkaner greifen für ihre Heißgetränke normalerweise nicht zum Tässchen mit Untertasse, derlei steht bloß zur Zierde im Glasschrank. Teegläser werden mir zwar auch geschenkt, vor allem aber Decken, Tausende von Decken, keine Ahnung, wohin damit. Die Nonnen aus dem Seminar – froh darüber, dass ich so jung heirate, eine gute Sitte, die unter den Leuten hier verloren gegangen sei, und deshalb stünden die Dinge, wie sie stünden, denn unser Herr habe nicht vorgesehen, dass die Menschen ihre jungen Jahre ohne den heiligen Bund der Ehe verbrächten – haben mir etwas viel Praktischeres geschenkt: Tücher für den Hausputz, angefertigt aus alten Bettlaken, aber aus so hochwertiger Baumwolle, dass sie in 80 Jahren kaum gelitten hat. Das Laken haben sie in Quadrate geschnitten und deren Ränder vernäht.

Halt still, sagt die *Neggafa*, eine junge Frau wie ich, dort unten geboren und als Kind hierhergekommen, die gewerbsmäßig an den Wochenenden Bräute schminkt und einkleidet. Dafür investierte sie in eine ganze Sammlung spektakulärer Kleider und die dazu passenden Accessoires.

Was soll ich mit all den Decken machen?

Die verkaufst du so, wie sie sind, dem Metzger zurück, da haben sie sie schließlich her. Einige hast du ja sogar doppelt. Was für eine Macke mit den Decken, sie könnten sich ruhig ein bisschen mehr Gedanken machen.

Die Braut-Ausstatterin beschwert sich immer über die marokkanischen Frauen, über ihren Mangel an Ehrgeiz, an Weitblick, an Bereitschaft, zumindest ein bisschen über den Tellerrand zu schauen.

Die leben so, als wären sie immer noch da unten und würden sich mit dem schmutzigen Brunnenwasser waschen.

Sie übertreibt und karikiert, aber das liegt auch daran, dass ihr selbst viel Neid und Missgunst entgegenschlägt. Seit sie ihr Gewerbe begonnen hat, wird darüber getuschelt, welche Rolle sie eigentlich bei den Hochzeiten spielt; es sind vage Gerüchte, die keine konkreten Handlungen benennen, die Frau aber ins Zwielicht rücken, ihr irgendeine bösartige Macht zuschreiben. Ich bewundere ihre Kraft und ihre Lust, die Dinge anzugehen, um voranzukommen; ich mag es, dass ihr die Arbeit wichtiger ist als das Geschwätz, und gerade in diesem Moment gibt ihre zupackende Art mir Sicherheit.

Ein Glück, dass du da bist, ich wüsste sonst nicht, was ich machen sollte.

He, fang bitte nicht an zu weinen, es war mühselig genug, dir die Augen zu schminken. Und deine Mutter hat doch recht: Indem du hier heiratest, ersparst du dir den Mist mit dem Fest da unten, wo du dreißigtausend Leute einzuladen hast, die du nicht mal kennst, und ein Vermögen ausgeben musst, damit sie nicht denken, dass du arm bist. Nee, nee, viel besser so.

Sie lässt mich aufstehen und schnallt mir den breiten Gürtel um, der mit dem gleichen bestickten grünen Stoff umhüllt ist, aus dem das Kleid besteht. Sie setzt mir ein Krönchen auf die Stirn, das mir in die Haut sticht. Nun muss ich durch den Flur schreiten, bis dorthin, wo die Frauen sitzen und die *Sdag-Sdag*-Musik läuft, nun bricht die Nacht des In-der-Ecke-Weinens an, das Gesicht hinter einem Tuch versteckt – aber ich werde nicht weinen können, selbst wenn ich es wollte, ich muss ja bei jeder Bewegung aufpassen, dass mir nicht alles herunterfällt, womit ich bestückt bin. Und ich gehe in keine Ecke, sondern begebe mich zu einem Altar, aufgestellt an einer der Wände im Wohnzimmer. Diese Wand hat die Ausstatterin mit einem auf mein Kleid abgestimmten Stoff behängt, und bei jedem weiteren Kleid, das ich tragen werde, wird sie den Hintergrund mit einem neuen passenden Stoff bespannen. Das ist die Kulisse für die Fotos; der Aufwand dient allein dazu, den Moment zu verewigen.

Als ich das Zimmer betrete, sehe ich, dass es zum Bersten voll ist, lauter Frauen von eher üppiger Statur in bunten Kleidern und mit Goldschmuck an den Hälsen, Ohren, Handgelenken und Fingern. Alle haben sich die Augen umrandet, manche auch das Gesicht geschminkt, andere die Lippen mit Nusswurzel gefärbt. Viele haben kleine Kinder auf dem Schoß, von denen einige schlafen. Als ich eintrete, brechen sie in ein *Ju-ju* nach dem anderen aus, und ich verspüre einen tiefen, unerklärlichen Drang, doch noch loszuheulen. Ich weiß nicht, warum, aber die *Ju-jus* – ebenso wie der Anblick von Kundgebungen auf der Straße – drücken bei mir immer auf die Tränendrüsen. Doch ich reiße mich zusammen und weine nicht, folge den Anweisungen der Ausstatterin, die mich eine Runde bei den Frauen drehen lässt, während diese ausgelassen in die Hände klatschen. Manche haben sich auch erhoben und umtanzen mich in einer Weise, die ich unmöglich finde. Heute ist es Mode, dass die Braut tanzt. Daran war früher nicht zu denken, schließlich ist Tanzen nicht gerade ein Zeichen von Traurigkeit; das wäre so gewesen, als würde man auf einer Beerdigung tanzen. Doch die Bräuche aus dem Landesinneren greifen um sich, aus den großen Städten, wo die Mädchen heiraten, um alleine auf die Straße gehen zu können. Wie auch immer, sie wollen mich zum Tanzen bringen, und ich, die ich nicht tanzen kann und es auf den Festen nie tue – aus Furcht, ungelenk zu wirken, und weil ich weiß, dass meine Mutter es sehr beschämend fände, festzustellen, dass auch ich tanze –, hebe die Arme und bewege mich ein wenig in einem Rhythmus, der mit der Musik wenig zu tun hat, aber allen muss doch klar sein, dass ich in diesem Aufzug nicht mehr als das machen kann, außerdem wissen auch alle, dass die Braut anmutig und bedächtig zu tanzen hat.

Ich schaue auf meine Hände, um mich nicht im Zimmer umsehen zu müssen. Bis zum Knöchel sind sie rot gefärbt, und an einem Finger trage ich einen Ring aus Garn, an dem eine verschlossene Muschel und ein paar bunte Kugeln hängen, die mich in diesen Tagen beschützen sollen.

Lass dir bloß nicht von Mumna das Henna auftragen, warnte mich die Ausstatterin: Der ist nicht über den Weg zu trauen.

Obwohl die Ausstatterin so praktisch und modern ist, teilt sie manches von dem, was die Frauen glauben, zum Beispiel, dass es dich in Schwierigkeiten bringen kann, wenn du dich mit Menschen von zweifelhaftem Leumund umgibst. Mumna geht in allen Häusern ein und aus, wobei, in manchen ist sie nicht willkommen, es heißt, sie ziehe das Unglück nach sich, sie hexe den Leuten Schaden an, damit sie dann bei ihr die Heilmittel gegen diesen Schaden kauften, und so verdiene sie sich ihren Lebensunterhalt. Andere sagen, das Problem mit Mumna sei nicht die Hexerei, sondern dass sie unter ihren weißen Kleidern einer freundlichen alten Dame (eigentlich ist sie nicht alt, das weiß ich sicher) die Ware verborgen halte, die sie von dort nach hier schmuggele und bei der es sich eben nicht um Schmuck oder Kleider handele. Jeder behauptet, den einen oder anderen Dealer zu kennen, dem sie das Zeug liefere, aber wenn meine Mutter diese Geschichten hört, will sie nichts davon wissen und ruft immer nur *Llah istar, Llah istar*, die bösen Zungen werden in der Hölle schmoren.

Meine roten Hände sind obszön, skandalös, und am Ende war es doch Mumna, die mir gestern Abend das Henna aufgetragen hat. Es war die Nacht, in der meine Freundinnen bei mir hätten schlafen sollen, aber Freundinnen, die mir das Henna auftragen könnten, habe ich nicht. Andere auch nicht; mir sind keine Freundinnen geblieben, seit ich mit der Schule fertig bin und nicht mehr viel gemeinsam habe mit den ehemaligen Mitschülerinnen, die abends ausgehen und sich in Bars oder in Clubs vergnügen. Meine Freundinnen sind jetzt die Nonnen, die sich immer freuen, wenn ich mich im Seminar in der Küche blicken lasse, und mich fragen, was ich so mache. Sie mögen es, wenn ich von früher erzähle, von unserem Leben da unten, denn darin entdecken sie viele Ähnlichkeiten mit ihrer eigenen Kindheit und Jugend und finden es angenehm, dass eine junge Frau ihnen von ähnlichen Dingen berichtet, wie sie selbst sie viele Jahre zuvor erlebt haben. Aber die Ordensschwestern konnte ich auch nicht bitten, mir das Henna aufzutragen, und die Ausstatterin hatte keine Zeit, weil sie in einem Restaurant arbeiten musste, in dem sie ab und zu einspringt. Blieb also nur Mumna übrig. Als ich ihr zusah, wie sie meine Füße mit der grünlichen Masse bestrich, erfasste mich ein Drang, wegzulaufen. Weit weg, wo mich niemand kennt und ich nie wieder für euch da sein muss, für keine und keinen von euch, nur für mich selbst. Doch dafür ist es nun zu spät.

Stattdessen habe ich mich auf dem Altar niedergelassen, mit meinem Krönchen und einem bestickten Schleier (nicht wirklich bestickt, eigentlich pures Polyester), der mir über das nun offene Haar wallt. Vor einer Weile noch trug ich es in einem aufwändig geflochtenen Dutt. Die Ausstatterin ist im Frisieren ebenso geschickt wie im Schminken und Bekleiden und hat ein untrügliches Gespür dafür, was einem gut steht. Das goldene Krönchen, das sie mir aufgesetzt hat, sticht mir trotzdem in die Stirn. Ich sage aber nichts, ich halte still, leicht in die Kissen gelehnt, die roten Hände auf den Knien, und schaue mir mein Hochzeitsfest an. Mein halbes Hochzeitsfest, genauer gesagt, denn es sind ja nur Frauen zugegen. Bei der Feier im Haus der Braut sind die Frauen zwar meistens deutlich in der Überzahl, aber ganz ohne Männer, das kommt selten vor. Meine Mutter hätte gerne auch Männer eingeladen, doch sie konnte nicht. Sie hatte überlegt, Essen zur Moschee bringen zu lassen, sodass dort gleichzeitig mit uns die Männer, die hingehen, speisen könnten. So machen es viele Familien bei ihren Feierlichkeiten: die Männer in der Moschee, die Frauen zuhause. Auf diese Weise entfällt die heikle Aufgabe, in den kleinen Wohnungen einen Bereich für die Frauen und einen anderen für die Männer abzuteilen. Meine Mutter hat viel darüber nachgedacht und hätte es auch so gehalten, wenn sie hier marokkanische Männer kennen würde; wenn wir in der Stadt männliche Verwandte hätten, die uns mit der Moscheegemeinde verbänden. Aber wir haben keine, kein Mann aus unserer Familie lebt hier, und so konnten wir das Hochzeitsfest nur für die Frauen ausrichten. Für die Frauen, die sich keine Gelegenheit entgehen lassen, bei einer Feier mitzumachen, denn in ihrem Alltag aus Kochen, Putzen, Einkaufen und Tratschen bleibt ihnen wenig Raum, um einfach sie selbst zu sein, Frauen und weiter nichts. Auf den Festen, abgeschirmt von den Blicken der Unbekannten, derer von hier und derer von dort, sind sie mehr sie selbst als irgendwo anders, sie nehmen die Kopftücher ab, öffnen ihr Haar, scheinen ihre Körper für die anderen Frauen zur Schau zu stellen und kommentieren das, was sie zu sehen bekommen. Manchmal scherzhaft und manchmal nicht, manchmal neidisch, manchmal voll aufrichtiger Bewunderung. Sie preisen Tanzkünste, Haarpracht, Körperformen. Ich konnte mich auf solchen Festen nie des Gefühls erwehren, dass sie etwas sehr Lesbisches haben. Meine Gedanken wandern zu den engen Freundschaften, die viele dieser Frauen untereinander pflegen und die oft intimer sind als die Beziehung zum eigenen Ehemann. Den Männern muss man gewisse Dinge verschweigen, ihnen kann man nie ganz vertrauen, und ich frage mich, ob die Frauen ihre emotionalen Bedürfnisse – den Wunsch, zu lieben und geliebt zu werden – möglicherweise in diesen Freundschaften ausleben. Ich kann es nicht wissen, denn niemand hat Einblick in das, was in den Kammern und unter den Decken geschieht; aber war meine unverhoffte Erfahrung mit Mumna, damals während der Mittagsruhe, vielleicht weit weniger unüblich als ich dachte? Nur auf diese Weise ließe sich begreifen, dass so viele Frauen Männer heiraten, die sie gar nicht kennen, und es dann so viele Jahre lang mit ihnen aushalten, auch wenn diese Männer nicht einmal darüber nachdenken, wie sie die Frau befriedigen könnten; oder falls sie es doch tun, dann sicherlich nicht so, wie die Frau es sich wünschen würde, denn aus Zurückhaltung, aus anerzogener oder kulturell bedingter Scham, wird eine Frau nie erklären, wie sie es gern hätte.

Ich bin weit abgeschweift, während ich hier sitze im Getöse der Tamburine und der Verse, die meine Gäste nun singen. Für einen Moment bin ich neidisch auf sie, weil ich nie imstande sein werde, wie sie aus dem Stegreif zu dichten, wie sie aus Freude an der eigenen Kreativität in Gelächter auszubrechen, furchtlos. Eine von ihnen setzt sich neben mich und flüstert mir ins Ohr: Siehst du? Alles hat sich gut gefügt, die Pläne Gottes sind unergründlich für uns, aber die Dinge gehen schon ihren Weg. Wer hätte das gedacht von dir und deiner Mutter, dass ihr es so gut haben würdet?

Ich weiß nicht, warum sie mir das sagt. Liegt es daran, dass ich jetzt weinen sollte und überhaupt kein weinerliches Gesicht mache? Oder ist sie bloß ehrlich und möchte mir vermitteln, wie glücklich es sie macht zu sehen, dass meine Mutter und ich uns so gut durchgeschlagen, uns trotz allem, was passiert ist, nicht haben unterkriegen lassen? Vielleicht geht es allen Frauen im Raum wie ihr, sie schauen mich an und denken unweigerlich an unsere Geschichte, die allen Marokkanern in der Stadt bekannt ist.

Unsere Geschichte, über die in Gegenwart meiner Mutter nie gesprochen wird, ist aber nicht so außergewöhnlich, wie sie glauben. Wenn man sie kennt, scheint sie das Normalste der Welt, und ich vergesse oft beinahe, wie wir hier gelandet sind, wie unser zweiter Beginn als Familie aussah. Schon lange bin ich überzeugt, dass es so, wie es gekommen ist, besser für uns war. Wir sind nicht die ersten Verstoßenen dieser Welt, nicht die ersten Frauen, die verlassen wurden. Mir gefällt in diesem Fall das Verb in der Sprache meiner Mutter besser: *ismeh*, das heißt schlicht *lassen*. Mehr als das war nicht passiert. Der Ehemann meiner Mutter hatte uns *gelassen*, wir wussten es bloß längere Zeit nicht.

Wenn dich da unten dein Mann verlässt, merkst du es gleich. Er kommt nicht mehr nach Hause, er geht fort, um mit einer anderen zu leben – und dir fällt es schon deshalb auf, weil er der Haupternährer ist, aber seine Funktionen plötzlich nicht mehr erfüllt.

Der Mann meiner Mutter jedoch lebte hier, und deshalb erfuhren wir erst, dass er uns verlassen hatte, als auch wir hier ankamen. Schon lange schickte er uns kein Geld mehr, aber das war normal bei den Ersten, die in dieses Land ausgewandert waren; ehe sie Geld an die Familie senden konnten, mussten sie ein wenig Fuß fassen. Außerdem lebten wir bei den Eltern und dem Bruder meiner Mutter.

Weil meine Mutter, wenn sie will, eine Revolutionärin ist, entschied sie, dass wir ihrem Mann nachreisen und ihn suchen müssten. Doch als wir ankamen, stellten wir fest, dass er hier bereits eine andere Familie hatte. Und ohne mit der Wimper zu zucken, sagte er, er habe uns nicht darum gebeten, hierher zu kommen.

Danach ging es für meine Mutter und mich erst einmal darum, hier irgendwie über die Runden zu kommen. Wir kannten kaum jemanden in der neuen Stadt, wir hatten keine Wohnung, kein Geld, gar nichts. So wie in dem Vers der Dichterin, bloß im buchstäblichen Sinn: eine Liebe ohne Haus.

Ich bin in einem völlig dunklen Zimmer. Das ist keine Dämmerung, kein schwaches Licht, es ist absolute Finsternis, ohne den geringsten Anhaltspunkt, der mir helfen könnte, mich zwischen den unbekannten Wänden zurechtzufinden. In den nach traditioneller Art gebauten Häusern weisen die Räume immer die gleichen drei Öffnungen auf – zwei Fenster zur Außenseite, mit fest in den Ziegeln verankerten Gittern, und eine Tür zum Innenhof. Die Fenster haben Läden aus blau bemaltem Holz, und wenn diese und die Tür, ebenfalls aus blauem Holz, zur Nacht geschlossen werden, verirrt sich nicht mal ein dünner Strahl Mondlicht herein. Und so ist der Raum, in dem ich mich aufhalte, im Moment undurchdringlich finster.

Eigentlich sollte ich ihn kennen, es ist meine Kammer, mein Platz in der Welt, für mich reserviert. Die Deckenbalken sind dünne Baumstämme, in verschiedenen Farben bemalt. Die Wände weiß getüncht, allerdings bis auf halbe Höhe mit einem türkisgrünen Sockel. Hier sagen sie dazu blau, denn das Wort für grün und blau ist dasselbe, sodass man, wenn sie blau sagen, nie weiß, ob sie grün meinen oder wirklich blau, außer sie erklären sich genauer. Bei diesem Türkis aber stimmt es, dass grün und blau das Gleiche sind.

Hinten vom Zimmer abgeteilt ist das *Arscham*, das Bad, das auch ein kleines Fenster hat, verdeckt von einem Vorhang, den man anheben kann, um, wenn man sich gewaschen hat, den Dampf hinauszulassen. Ans andere Ende des Zimmers haben sie dieses Bett gestellt, mit schmiedeeisernem Gestell, verschnörkeltem Kopfende und schwerer Matratze. Es ist mein Brautbett.

Hier liege ich neben meinem Ehemann und drücke meine Schenkel fest zusammen, denn es ist, als wäre ich durchlöchert worden und könnte durch dieses Loch auslaufen wie durch einen Abfluss. Die Linie, die mich in der Mitte teilte und von der ich glaubte, sie sei so tief eingesunken, dass sie mich nie wieder stören würde, spüre ich nun pochen, sie fühlt sich an wie eine Schwellung unter der Haut, sie brennt. Ich denke, wenn ich ins Bad gehe und durch das kleine Fenster schaue, sehe ich vielleicht einen Mondstrahl, der von der glatten Oberfläche eines Aloe-Vera-Blattes widerscheint und zufällig in dieses winzige Gelass hereinleuchtet. Aber ich bewege mich nicht, aus Furcht, den Mann zu wecken, der an meiner Seite schläft, der zufrieden schnarcht, zufrieden und entladen. Mein Cousin und Ehemann, mir so bekannt und so fremd.

Jetzt könnte ich weinen, jetzt bin ich nicht mehr geschminkt, trage nur noch Kajal um die Augen. Du hast das doch alles gewusst, sage ich mir, um die Tränen aufzuhalten, denn ich weiß, wenn ich anfange zu weinen, gibt es kein Halten mehr, und dann wacht er auf und alles ist ein großes Problem.

Als du entschieden hast, die Abmachung zu akzeptieren, wusstest du schon, worauf es hinausliefe: ein fremder Körper, der zum ersten Mal in dich eindringen würde. Es ist der Moment, auf den alle gewartet haben, der Moment, in dem ein Feuerwerk gezündet wird, weil das Geheimnis deiner Jungfräulichkeit offenbart ist.

Ich hatte seit vielen Jahren geglaubt, dass ich keine Jungfrau mehr sei. Nicht weil ich mit jemandem Sex gehabt hätte, sondern weil ich so viele Dinge tat, bei denen das Häutchen hätte reißen können. Zum Beispiel Herumspringen. Als Kind sprang ich voller Freude und mit aller Kraft, sei es auf dem Boden oder von der geziegelten Bank im Hof, sei es vom Johannisbrotbaum oder von der flachen Uferböschung am Fluss. Ich erinnere mich, wie ich mit dem Seil sprang und wie ich später, in der neuen Stadt, Gummitwist spielte; ich erinnere mich, wie ich im Sportunterricht über Bock und Pferd springen musste, wohl oder übel, auch wenn ich davor zurückschreckte. Ich sprang andauernd, und endlos wiederholte meine Mutter: *A Thamschunt*, du Unselige, Einsame, spring nicht, sonst verlierst du deine *Qandura*.

Es vergingen Jahre, ehe ich begriff, dass mit *Qandura* kein Kleidungsstück gemeint war, sondern etwas in mir, das ich zu bewahren hatte, bis der Moment käme. Doch meine Mutter sah, dass sie mit ihren Warnungen bei mir auf Granit biss, und darum beschlossen sie und meine Großmutter, meine Jungfräulichkeit sicherzustellen, indem sie mich versiegelten.

Daran erinnere ich mich als etwas Seltsames und Aufregendes, ein geheimnisvolles, magisches Ritual. Sie stellten den Kohlenherd – der kein Herd ist, sondern ein *Thamdschmath* aus Ton – in der Mitte des Hofs auf und warfen merkwürdige Dinge in das tiefe Becken mit den glühenden Kohlen: Schwefel, Kräuter, Taubendreck. Das ergab einen beißenden Geruch, der aber nach einer Weile angenehm wurde. Was ich zu tun hatte, war sehr einfach. Sie zogen mir die Unterhosen aus und wiesen mich an, mich über den Herd zu stellen, sodass der Rauch mir zwischen die offenen Beine drang. Und ja, er kam dort an, eine behagliche Wärme in meinem Geschlecht, geradezu tröstlich.

Reicht das?, fragte ich, ängstlich, dass sie merken würden, wie wohl ich mich in dem Moment fühlte: Reicht es jetzt?

Nein, ein bisschen noch, komm schon, ein bisschen noch.

Und ich jubelte innerlich, während ich nach außen hin ein ernstes, feierliches Gesicht machte.

Vielleicht gab diese Zeremonie meiner Mutter die Gewissheit, dass ich meine *Qandura* nicht so leicht verlieren würde und dass – sollte ich je verlockt sein, jemanden in mich eindringen zu lassen, weil ich, einem entsetzlichen Ratschluss Gottes zufolge, so weit vom rechten Weg abirrte, dass ich vor der Ehe eine Beziehung unterhielte; oder sollte jemand versuchen, mir Gewalt anzutun – der Schutz, unter dem ich stünde, mich fest verschlösse. Auch wenn sie mich weiter ermahnte, nicht zu springen und nicht die Beine zu spreizen, selbst dann nicht, wenn wir im Sportunterricht Spagat machen sollten, war meine Mutter seither im Grunde ruhiger.

Ich nicht, ich war es nie. Ich bin gesprungen, habe Spagat gemacht, bin auf dem Schulhof mit den Jungs herumgerannt, habe niemanden in mich eindringen lassen, und niemand hat versucht, mir Gewalt anzutun. Ich hatte keine Gelegenheit, meine Jungfräulichkeit einzubüßen, und doch habe ich immer gedacht, ich sei keine Jungfrau mehr. Ich habe mich so oft selbst befriedigt, wie ich wollte, und das konnte doch nicht ohne Folgen bleiben.

Eine Zeit lang suchte ich zu dem Thema alle Informationen zusammen, an die ich herankam. In den gynäkologischen Büchern wurde dargelegt, dass das Hymen bei jeder Frau anders sei, dass nicht jede blute, wenn es reiße, und dass manche Frauen nicht einmal merkten, wie es riss. Ich war derart besessen von diesem hauchdünnen, mythenbeladenen Stück Gewebe, dass es mich ärgerte, darüber bloß so vage, allgemeine Erklärungen zu finden. Ich konnte nicht riskieren, dass man mir in meiner Hochzeitsnacht ein Tuch unterlegen und sich darauf dann kein einziger Tropfen Blut finden würde.

Viele Mädchen wie ich haben dafür andere Lösungen gefunden. Sie haben mit ihren Freunden schon vor der Ehe geschlafen und mit ihnen abgemacht, dass sie den Blutstropfen in der Hochzeitsnacht dann von irgendwo anders hernehmen würden. Allerdings begeben sie sich damit in eine gefährliche Situation. Mehr als eine von ihnen wurde nach der Hochzeitsnacht von ihrem Bräutigam bloßgestellt und fiel der öffentlichen Ächtung anheim.

Ich nicht, ich hatte nichts getan, aber mich beunruhigte die Vorstellung, alles dem Zufall zu überlassen. Die großen Unterschiede von Frau zu Frau, wie sie in den gynäkologischen Handbüchern beschrieben wurden, konnten über meine Ehre entscheiden – und vor allem, vor allem über die Ehre meiner Mutter. Vor ein paar Monaten fiel mir die Lösung ein. Wenn sie einen Blutstropfen brauchen, um meine Ehrbarkeit unter Beweis zu stellen, gebe ich ihnen einen ganzen Schwall Blut. Ich begann meinen Zyklus zu protokollieren, und als wir die Genehmigung für die Familienzusammenführung mit meinem Cousin-Ehemann erhalten hatten, legte ich das Hochzeitsdatum so fest, dass es mit meiner Periode zusammenfallen musste. Perfekt ist diese Lösung nicht. Es erweckt Argwohn, wenn die Braut ihre Tage hat, es heißt, Hymenblut und Regelblut seien nicht dasselbe; aber besser, man lebt mit diesem Misstrauen, als zu riskieren, dass die Tuchprobe negativ ausfällt.

Allerdings hatte meine Periode am Freitag, in der Hennanacht, noch nicht eingesetzt. Auch am Samstag nicht, als wir das Frauenfest feierten. Während der Busreise in die Stadt, von der aus wir die Fähre nahmen, konnte ich weiterhin nichts Dunkles in meinem Sekret feststellen, so sehr ich mich auch abtupfte und auf dem Papier nach Spuren suchte. Einige Male ließen meine durchschimmernden hennaroten Finger mich an ein Blutwunder glauben, aber bei eingehender Betrachtung stellte ich den Irrtum fest. Keine Spur von Menstruation.

Auf der Fähre, die mich zu meinem Bräutigam trug, im Wissen, dass mir nur noch ein paar Stunden blieben, ehe meine neue-alte

Familie mich empfangen würde, kam ich unter Tränen von der Toilette, und die Ausstatterin fragte mich, was mit mir los sei. Ich offenbarte ihr meine Sorgen, und sie nickte sofort verständnisvoll. Anscheinend war sie nicht zum ersten Mal mit dergleichen konfrontiert.

Komm, wir gehen zur Bar.

Dort bestellte sie irgendeinen Likör, keine Ahnung, was für einen.

Kipp das runter.

Spinnst du?, sagte ich: Wir trinken doch nicht.

Willst du entspannt ankommen oder nicht? Diese Methode funktioniert immer, glaube mir. Du bist nervös, deshalb kriegst du deine Tage nicht, aber wenn du das hier trinkst ... Na, mach schon.

Ein heftiges Brennen erfüllte meinen Hals. Das gleiche Brennen, das ich nun zwischen den Beinen spüre.

Tausendmal putzte ich mir die Zähne, ehe ich von Bord der Fähre ging, damit niemand den Geruch von Alkohol wahrnähme. Aber der Trick der Ausstatterin funktionierte, ich begann zu bluten.

Gerettet! Wie beim Fangen-Spielen auf dem Schulhof, abgeschlagen, befreit.

Aber dies war kein Spiel, denn bei der Ankunft am Haus meines Onkels und meiner Tante, begleitet von den *Ju-jus*, den Tamburinen, den Gesängen der Frauen, inmitten einer Wolke von Menschen, die ich nicht kannte, und zwischen all den Fotos, die gemacht wurden, vor einem weiteren Altar, der im Hof errichtet war, damit wir uns dort bei den Händen nahmen und einander Milch und Datteln darbrachten, erwartete mich mein Bräutigam. Ein Bräutigam, der ebenso zitterte wie ich und dem vielleicht auch unbehaglich zumute war angesichts der geballten Erwartungen an ein derart intimes Ereignis wie unser Zusammentreffen.

Ich stand also am Altar und bemühte mich zu tun, was man mir sagte, auch wenn mir ständig andere Dinge durch den Kopf gingen. Ich dachte über den gewaltigen Widerspruch einer Gesellschaft nach, die zum einen die Sexualität als absolutes Tabu behandelt, als etwas, wovon niemals, unter keinen Umständen, öffentlich geredet werden darf; und die zum anderen dieses obszöne Fest begeht, bei dem alle auf den Koitus des Brautpaars hinfiebern, um dann die erhoffte frohe Kunde, dass die Braut eine unbefleckte Jungfrau gewesen sei, ganz groß und inklusive Feuerwerk zu feiern.

Manchmal wagte ich es, den Blick zu heben und meinem Cousin geradewegs in die Augen zu schauen – auf der Suche nach irgendeiner Verbindung, nach irgendetwas, das uns dazu dienen könnte, eine Gemeinsamkeit herzustellen und uns das, was folgen würde, ein bisschen leichter zu machen. Aber nichts. Ich kenne ihn überhaupt nicht. Ich frage mich, ob er dasselbe Gefühl hat wie ich: wie absurd es ist, dass wir heiraten, ohne wirklich etwas voneinander zu wissen. Aber ich nehme an, ihm erscheint das ganz normal. Das Kennenlernen werden wir schon nachholen. In all den Jahren, die vor uns liegen, werden wir genug Zeit haben, um festzustellen, ob wir uns mögen oder nicht. Besser, wir mögen uns, klar, sonst wird es schwierig. Aber die Rolle meines Cousins in all dem ist ganz anders als meine. Manchmal habe ich gedacht, er ist vielleicht in eine andere Frau verliebt, er heiratet mich nur, weil es ihm gelegen kommt, und wird sich eines Tages, wenn er im Ausland seine Aufenthaltsberechtigung und eine Arbeitsstelle hat, von mir scheiden lassen, um die andere zu heiraten. Er hat nichts zu verlieren bei unserer Hochzeit. Er gewinnt damit eine Gelegenheit zum Auswandern, die er nicht hätte, wenn er eine Hiesige heiraten würde, und bald wird er dann auch eine Arbeit finden, ein wichtiger Fortschritt für seine materiellen Verhältnisse und die seiner ganzen Familie. Ich sichere ihm den wirtschaftlichen Aufstieg. Deshalb kann ich nicht aufhören, mich zu fragen, ob ich ihm wirklich gefalle, ob es für ihn nicht eine Last ist, meinen Ehemann zu spielen, ob es nicht schönere Frauen für ihn gibt als mich, Frauen, die mehr den hiesigen Vorlieben entsprechen. Mit Rundungen, mit üppigem Fleisch, mit bleicher Haut und rabenschwarzem Haar, das ihnen bis zur Taille reicht, und wenn sie es im Dunkel der Kammer lösen und wallen lassen, bebt der Bewunderer vor Erregung.

Ich habe mein Haar gestern gelöst, als wir in dem Zimmer waren, im Schein einer Öllampe, die alles in ein theatralisches Licht tauchte, und ich dachte, nun müssten sich meine Augenringe so deutlich abzeichnen wie noch nie, die dunklen Schatten aus all den Nächten, die ich gar nicht oder schlecht geschlafen habe. Er zog sich hastig aus, ich tat es ganz langsam, legte mein Brautkleid ab, weiß wie bei den Christen, und stand da in meiner Unterwäsche, in meinen Dessous, wie manchmal geschrieben wird.

Alles ging schneller, als ich es mir vorgestellt hatte, mir blieb kaum Zeit, um Angst zu haben. Sein schattiger Körper warf sich auf mich, ohne dass ich mich auch nur halbwegs bequem hinlegen konnte, und ich hörte ihn an meinem Hals keuchen, während er in mich eindrang. Das Ganze ging mit einem tauben, gedämpften Klang in der Luft einher, und das Brennen begann in meinem Unterleib aufzusteigen.

Er brauchte nicht lange. Danach blickte er mich für einen Augenblick mit einem gezwungenen Lächeln an und sagte: Nicht weinen.

Ich hatte nicht einmal gemerkt, dass ich weinte, ich lag reglos, starr, als wäre ich gestorben. Noch immer liege ich so da, in der tiefsten Nacht, und ich traue mich nicht, zur Toilette zu gehen und zu schauen, ob ich den Mond sehen kann. Durch den Kopf gehen mir Verse aus Gedichten, die ich dachte, schon vergessen zu haben. *Gib mir den Drachenfisch, sagte die mit dem Abzeichen*, aber es war nicht der Drachenfisch, den ich mir vorgestellt hatte, das ist nicht der Drachenfisch, den ich wollte, ich will gar keinen Drachenfisch. Oder ein anderer, der lautet: *ich bin weit davon entfernt, dich zu lieben,* und ich denke: Ich bin weit davon entfernt zu lieben, weil ich weit davon entfernt bin, mich selbst zu lieben.

Doch die Worte, die mich trösten, sind: »Wie widerlich, die Liebe« – als hätte ich diese Wirklichkeit schon in jenem Roman von Mercè Rodoreda erlebt. Abgesehen davon, dass es nicht die Liebe ist, sondern der Sex, nur mit dem Körper, nicht mit der Seele, der so widerlich ist wie irgendwas.

Wir formten einen Kreis mit Zeigefinger und Daumen und legten ein Mohnblütenblatt darüber. Dann stachen wir mit einem Finger der anderen Hand hinein, zack. Blieb das Blütenblatt ganz, hieß es, du warst Jungfrau, zerriss es, warst du entjungfert.

Am Morgen meiner Hochzeitsnacht verkündete ein lautes Knallen meine Durchlöcherung. Ich weiß nicht, wer die Raketen zündete, aber auf dem Hof brachen als Antwort gleich die *Ju-jus* und die Glückwünsche aus. Mein Cousin-Ehemann war schon aus dem Zimmer gegangen, während ich noch – ich weiß nicht, ob im Schlaf oder wach – von dem Lkw-Fahrer träumte, der mich packte und fragte: Wie tanzt ihr denn bei euch im Dorf? Vielleicht so?

Hätte ich schnell reagiert, hätte ich ihm die Finger verdreht, bis es ihm wehtäte, hätte ich nur irgendetwas anderes getan, als still zu liegen, ihm ganz zur Verfügung ...

Durch den Spalt unter der Tür drang blendende Helligkeit herein, die alles überfluten würde, wenn jemand einträte. Ich versuchte, in Gang zu kommen, musste mich doch anziehen, das Bett machen und die Kleider meines Ehemanns aufsammeln, die auf dem Teppich verstreut lagen. Ich musste mich wieder in ein Brautgewand hüllen, eine weiße *Qandura*, die uns Mumna mitgebracht hatte, mit grünem Kreuzstich bestickt. Ich musste Kajal auftragen, mich kämmen, mich zurechtmachen. Eine Braut muss immer wie eine Braut aussehen.

Doch ich war noch nicht einmal aufgestanden, als es schon an der Tür klopfte. Meine Cousine kam herein, sie umarmte mich nervös. Glückwunsch, Glückwunsch, sagte sie und trug in der einen Hand einen Wasserkocher: Ich bringe dir warmes Wasser.

Ich hatte gar nicht mehr daran gedacht, dass ich mich waschen musste, von oben bis unten, auch den Kopf, denn wenn man Verkehr hatte, kann man nicht ungewaschen vor die Tür gehen. Deine Engel spucken auf dich bei jedem Schritt, den du tust, wenn du dich nach dem Sex nicht wäschst, sie spucken auf dich und verwünschen dich.

Ich war eine gute Braut. Sieben Tage lang ging ich nicht aus dem Haus, denn auch die Bräute können, wie die Neugeborenen, verschleppt, geraubt oder entführt werden und müssen sich vor Scherereien und vor dem bösen Blick in Acht nehmen – alles Mögliche kann eine Braut tödlich verwunden. Deswegen traf meine Tante-Schwiegermutter eine strenge Auswahl, wer zu Besuch kommen durfte. Sie schirmte mich ab, so gut sie konnte, schließlich war ich nicht nur die Ehefrau ihres Sohnes, sondern zugleich ihre geliebte Nichte.

Meine Mutter hielt sich fern, der Tradition gehorchend. Ihr Wunsch, dass ich eine Hochzeit hätte wie in einer normalen Familie, war in Erfüllung gegangen, auch wenn die Umstände bei uns mit denen einer normalen Familie wenig gemein hatten. Mit ihrer Erfindung einer internationalen Hochzeit hatte sie erreicht, dass sie bei sich zu Hause ausharren konnte, während ich ins Haus des Bräutigams ging, das hier unten zugleich das Haus ihres Bruders war. An dem Tag, als ich zusammen mit der Ausstatterin den Bus bestieg, blieb sie in unserer Wohnung in der Stadt zurück. Natürlich weinte sie, wie alle Mütter weinen, die ihre Tochter einem Mann geben, und ich hielt die Verabschiedung so knapp wie möglich. Möge Gott dich auf guten Wegen leiten, sagte sie. Im Wissen, dass wir uns nach zwei Wochen wiedersehen würden.

Auch wenn sie weit weg ist, dürfte meine Mutter beruhigt sein. Von nun an ist sie nicht mehr für mich zuständig, ab jetzt trage ich selbst die Verantwortung für mein Handeln, ich und mein Ehemann, aber nicht mehr sie. Es ist ihr gelungen, mich nicht zum Haus des Bräutigams begleiten zu müssen. Eine Ehe, heißt es, wird weniger glücklich, wenn die Mutter der Braut beim Fest zur Übergabe ihrer Tochter anwesend ist, anstatt bei sich zu Hause den Verlust zu beweinen.

Ich blieb also die vorgeschriebene Woche lang im Inneren des Hauses, ohne zu arbeiten, ohne zu fegen, ohne zu spülen oder zu kochen, ohne überhaupt etwas zu tun, außer dass ich mich jeden Morgen wieder zurechtmachte, um hübsch zu sein für die Besucher, die mein Zimmer füllten. Es waren Leute, die ich nicht kannte, und sie kamen, um mich anzusehen und sich das Maul darüber zu zerreißen, was das für ein Mädchen war, das Driss geheiratet hatte.

Er selbst konnte ausgehen, wie er wollte, ihn betraf das Verbot nicht, ihn musste man weder vor räuberischen Wesen noch vor dem bösen Blick bewahren. Gleich am Tag nach der Hochzeitsnacht blieb er bis zum Abend fort. Mit dem Schreiben, das ich ihm mitgebracht hatte und das ihm die Aufenthaltserlaubnis bescheinigte, war er in die Stadt gefahren, um sich dort im Konsulat ein Visum ausstellen zu lassen, und man weiß ja, da sind die Warteschlangen endlos. Doch auch an den folgenden Tagen war er kaum zu Hause. Abends legte er sich für eine kurze Weile auf mich, und ich verwandelte mich in ein Stück totes Holz, tagsüber kam und ging er. Er führte sein Leben weiter wie zuvor, für ihn hatte sich nichts geändert.

Am siebten Tag traf eine Gruppe von Tanten, Cousinen und Freundinnen meiner Mutter aus der Stadt ein und brachten ein in ihrem Auftrag zubereitetes Mahl mit. Es ist Brauch, dass am siebten Tag nach der Hochzeit die Mutter der Tochter, die nicht mehr ihr gehört, Essen schickt – vielleicht um die nun endgültige Trennung von ihr erträglicher zu machen. Sie ließ mir *Remsemmen* nach ihrer Art bringen, schön dünn und leicht, außerdem ein paar Hühnchen, mit Koriander und anderen Kräutern, Zwiebel und Knoblauch mariniert, erst gekocht und danach in Öl gebraten. Sie waren sehr zart und im Innern voller Aromen, die Haut aber knusprig. Meine Mutter aß Huhn gerne mit gebratenen Mandeln, Pflaumen, hart gekochten Eiern und einer Sauce, für die sie die Leber mit Rosinen andünstete. Manchmal, wenn sie genug Huhn hatte, nahm sie auch den Kaumagen dazu. Den schnitten wir auf, an einer seitlichen Linie entlang, die an den Reißverschluss eines Etuis erinnerte, und so entleerten wir ihn, ohne viel Dreck zu machen. Eine dünne Innenschicht zogen wir noch heraus, dann war er sauber. Gab man ihn im Ganzen mit in den Kochtopf, wurde er weich, mit Ausnahme der ganz festen Teile, die Knorpeln ähneln; in kleine Stücke geschnitten und kurz mit angebraten, wirkte er knusprig im Mund, zerging aber sofort. Als meine Schwiegermutter mir die Platte voller Hühnchen, garniert mit Leber und Kaumagen, präsentierte, konnte ich die Tränen nicht zurückhalten.

Du musst doch nicht weinen, sagte meine Tante, du hast ja Glück, bald kehrst du zu deiner Mutter zurück, du wirst nicht so leiden wie wir alle. Ich hingegen muss Abschied von meinem Sohn nehmen.

Ich schämte mich dafür, dass ich heulte wie ein Kind. Denn niemand kannte den Auslöser meiner Trauer. Ich sah die Leber und die Mägen, und mir fiel etwas ein, was meine Mutter einmal zu mir gesagt hatte, da muss ich noch sehr klein gewesen sein. Nur das eine Mal habe ich sie es sagen hören, später blieb ihr ja nichts anderes übrig, als hart zu werden, um mich ganz allein großzuziehen in einem Land, wo sie niemanden kannte. Sie sagte: »Du, meine Leber«, und das ist, wie wenn man »Blut von meinem Blut« sagt, aber zugleich drückt es eine tiefe Liebe aus, wie sie nur die Mutter empfinden kann. »Du, mein kleiner Kaumagen« sagte sie auch zu mir, das war weniger dramatisch, aber ebenso intim, Ausdruck einer unverbrüchlichen Bindung.

.

Eine Woche, nachdem sie uns das Essen geschickt hatte, kam meine Mutter uns persönlich besuchen. Wir küssten uns zur Begrüßung ab, so wie die Frauen hier es tun und wir es nie getan hatten – eins, zwei, drei, vier schmatzende Küsse auf die eine Wange, dann die andere, viele Küsse. Meine Mutter sah mich an, als wäre ich eine andere geworden, als sei ich nun wie sie, eine Frau. Ich fragte mich: Was hat sich denn verändert? Nichts, bis auf dass sich jeden Abend ein Unbekannter auf mich wirft mit all seinen Gerüchen und seiner faden Zunge, die er mir in den Mund steckt, und ungeschickten Händen, die mich anpacken, als sei ich ein Spielzeug. An jedem der bisherigen Abende wollte ich ihm sagen, dass es so nicht geht, aber noch sind wir einander nicht vertraut genug, und wenn ich so etwas anmerken würde, wäre er beleidigt. Später.

Natürlich erzählte ich meiner Mutter davon nichts, die mich halb stolz, halb neidisch anblickte. Auch sie war nicht mehr dieselbe. Es ist nicht dasselbe, Mutter einer Jungfrau zu sein oder Mutter einer Frau, die jeden Abend ihrem Ehemann begegnet. Ich weiß nicht, ob im Kopf meiner Mutter irgendein Gedanke auftauchte, der auch nur entfernt dem ähnelte, was ich dachte, aber als sie in meinem Brautzimmer saß, tat sie mir ein bisschen leid. Auch wenn ich nicht von ihr wegziehen würde, gehörte ich doch nun nicht mehr zu ihr, sondern zu meinem Mann und seiner Familie, und auch wenn die Familie meines Mannes seit jeher ein Teil unserer Familie war, hatte sich etwas verändert.

Wieder eine Woche später wären wir mit dem Gegenbesuch bei ihr dran gewesen, ebenfalls beladen mit Speisen für ein Festmahl, doch dafür hatten wir keine Zeit. Meinem Cousin blieben nur wenige Tage, um seinen Residenzausweis abzuholen, wir mussten aufbrechen.

An der Grenze mussten wir wie immer lange warten. Kinder mit nackten Füßen und ausgehungerten Gesichtern kamen an und bettelten, die Frauen saßen in sich zusammengesunken. Eine von ihnen, leichenblass, sah mich an, und ich hatte das Gefühl, sie konnte jeden meiner Gedanken lesen. Bei der Passkontrolle ließen sie uns schmoren, und die ganze Zeit, bis sie meinem Cousin seinen Ausweis zurückgaben, fantasierte ich, es gebe auf einmal ein Problem, sie würden ihn nicht durchlassen und meine Mutter und ich müssten alleine abreisen, wir hatten ja schon die Tickets für die Fähre und durften sie nicht verpassen, tut mir leid, würde ich zu ihm sagen, es wird sich schon eine Lösung finden, es muss ja ein Irrtum sein. So würden wir ohne ihn in unser gewohntes Leben zurückkehren, meine Mutter und ich alleine, wie zuvor. Ich wandte mich um und erblickte wieder die leichenblasse Alte, gekrümmt und schmutzig, zahnlos. Sie lächelte mich an und sah dabei noch mehr wie eine Tote aus.

Mein Ehemann-Cousin kam aufgebracht von der Kontrolle und versah die Beamten mit den üblichen Schimpfworten, die meine Mutter, wohlerzogen wie sie war, nie in den Mund nahm: *Llah in'er, Llah ichsen*, Söhne der Sünde, Söhne von ich sag's euch gleich, Gott verfluche eure Ahnen und euren Nachwuchs. Einige der Sätze sagte er auf Arabisch, vielleicht damit die Grenzbeamten ihn verstanden. Die denken, nur weil ich ein Visum habe, hätte ich die Taschen voller Scheine, und wenn nicht, auch egal, sie bestehen auf ihr Trinkgeld.

Die ganze Rückreise über malte ich mir aus, ihm würde etwas passieren. Dass er sich zu weit über die Reling lehnte und ins Wasser fiel. Tschüs, Vetterchen, würde ich sagen und ihm hinterherwinken. Seine kindische Begeisterung für all das Neue, was er auf der Überfahrt sah, das Meer, die Wellen, einen Delfin, der uns eine Zeit lang begleitete, und seine Art, das Bündnis mit meiner Mutter zu suchen: All das ging mir auf die Nerven. Schon an Bord begann ich es ihm ein wenig heimzuzahlen. Ich trug noch die Kleider einer verheirateten Frau, die dunkle *Djellaba* und ein Kopftuch. Doch mein Cousin wusste – jedenfalls ging ich davon aus, dass er es wusste –, dass ich nicht weiterhin so herumlaufen würde. Ich war im Ausland aufgewachsen, ich ging arbeiten, und das machte mich zu einer Frau, die nicht so war wie andere verheiratete Marokkanerinnen. In unserer Kabine zog ich mich um, nahm das Kopftuch ab und legte einen Rock an, der mir zwar bis zu den Füßen ging, aber eng geschnitten war, und eine kurzärmlige Bluse, ebenfalls figurbetont. Damit wahrte ich die guten Sitten, zeigte nichts, was ich nicht zeigen sollte. Mein Cousin und meine Mutter machten trotzdem betretene Gesichter. Mir egal, dachte ich und stellte mir vor, er würde sehen, wie die anderen Männer auf der Fähre mich anblickten, und feststellen, dass eine Frau wie ich nichts für ihn war, dass ihm nichts anderes übrig bliebe, als mich zu verlassen. Aber er sagte nichts, und unsere Reise ging weiter, bis wir angekommen waren in unserem gemeinsamen Leben in meiner Heimatstadt.

Ich gewöhnte mich allmählich an die Nächte mit meinem Cousin-Ehemann, aber nicht an die Tage. Abends schloss er die Tür unseres Schlafzimmers mit den billigen Möbeln, zog sich hastig aus und schlüpfte unter die Bettdecke, ohne dass ich ihn sehen konnte. Allerdings schaute ich auch nicht hin. Was folgte, sollte so schnell wie möglich geschehen, damit er bald wieder von mir abließ. Was folgte, war, dass er mich irgendwie packte, mir mit einer Hand fest ins Gesicht griff, sodass ich den Mund öffnete und er seine schlaffe, nasse Zunge hineinstecken konnte. Sie erinnerte mich an die Rinderzungen, die meine Mutter oft kaufte und von denen wir noch den Belag abschaben mussten, ehe wir sie zubereiteten. Jedoch roch die Zunge meines Cousins so, wie Lamm-Innereien riechen, nach fettigem rohem Fleisch – wie die dünnen und glitschigen Därme, die wir um einen Spieß rollten und in die ich gerne Knoten machte. Als Kind bereitete es mir Vergnügen, wie sich der Lammdarm zwischen den Fingern bewegte, ich fand, dass er sich gut anfühlte. Das galt für die Zunge meines Cousin-Ehemanns allerdings nicht. Doch wenn er sich entkleidete und eilig unter die Decke schlüpfte, als wäre er noch nie mit einer Frau zusammen gewesen, obwohl er es vom Alter her längst hätte sein müssen, war ich schon nicht mehr da. Noch ehe er mir ins Gesicht griff und mich zwang, den Mund zu öffnen, wurde ich zur Beobachterin, war nicht mehr diejenige, die die Szene erlitt, sondern betrachtete sie von außen. Oder ich ließ meine Gedanken weit weg wandern und hoffte auf diese Weise, es schnell hinter mich zu bringen.

Jetzt, da wir uns besser kennen, könntest du ein bisschen zärtlicher zu mir sein.

Das sagte er eines Abends zu mir, nachdem er sich entladen hatte.

Du wirkst so eisig, fügte er hinzu.

Tagsüber war seine Gegenwart mir noch weitaus lästiger. Unser Familienfrieden, geschlossen zwischen meiner Mutter und mir, hatte angespannte Momente gehabt, doch es war ein

Frieden gewesen, beruhend auf Ordnung, Reinlichkeit und Arbeit. Meine Mutter verbrachte wenig Zeit vor dem Fernseher, sie machte ihren obligatorischen Mittagsschlaf, aber mehr Müßiggang erlaubte sie sich nicht. Kamen andere Frauen zu Besuch, plauderte sie gerne mit ihnen, das ja, aber in der restlichen Zeit war sie immer beschäftigt.

Nun jedoch hatte mein Cousin-Ehemann unsere Wohnung übernommen und sich sofort eingelebt. Mit der Fernbedienung in der Hand streckte er sich im Wohnzimmer aus und aß Sonnenblumenkerne, ohne darauf zu achten, ob die Hülsen auf den Tisch fielen oder auf den Teppich, den meine Mutter unermüdlich jeden Morgen absaugte. Wenn meine Mutter und ich zu Hause waren, rauchte er nicht in der Wohnung, denn sie hatte ihm gesagt, er solle dafür hinausgehen, aber wenn er alleine war, hielt er sich nicht an diese Regel. Wenn wir dann nach Hause kamen, gaben wir ihm zu verstehen, dass die Luft im Wohnzimmer sich nicht atmen ließ, und er stritt ab, drinnen geraucht zu haben. Er spielte dann die beleidigte Leberwurst, griff nach der Lederjacke, die er von da unten mitgebracht hatte, und ging aus dem Haus.

Wir brauchten ihm die Stadt nicht zu zeigen, er hatte sie sich gleich zu eigen gemacht. Lass ihn, sagte meine Mutter, die Männer gehören auf die Straße, die Frauen ins Haus.

Ich sagte nichts, aber ich fragte mich, wenn ich ins Haus gehörte, warum musste ich dann jeden Tag draußen Geld verdienen, um ihren geliebten Neffen auszuhalten? *Keine Arbeitsberechtigung*, hatten sie ihm in seinen Residenzausweis gestempelt. Das wussten wir vorher – wer über den Familiennachzug herkam, erhielt nicht gleich eine Arbeitserlaubnis, aber meine Mutter hatte gesagt, so wie die meisten anderen nachgereisten Ehemänner würde er schon etwas finden, was er ohne Vertrag machen könnte.

Wenn einer aufgeweckt ist und Lust hat, etwas zu schaffen, dann ergibt sich auch eine Möglichkeit.

Aufgeweckt, das ist ein Wort, das es so, wie es für mich klingt, in der Sprache meiner Mutter nicht gibt, sie sagt *ifsus*, was eigentlich »flink« heißt, auch wenn man die Marokkaner hier inzwischen immer öfter eine Angleichung des katalanischen Worts *espavilat* verwenden hörte: *ispawila*. Und *espavilat*, aufgeweckt, war nicht dasselbe wie flink. Flink konnte etwas Positives sein, wenn damit gemeint war, dass jemand die Dinge rasch erledigte, aber je nach Tonfall konnte es auch ziemlich negativ klingen – zum Beispiel, dass jemand immer auf seinen Vorteil bedacht war. Und auch über Diebe sagt man es oft. Allein der Tonfall entscheidet über die Bedeutung des Wortes; die in dieser Sprache meist zweitrangige Betonung wird hier plötzlich entscheidend. Man sagt auch »einen flinken Kopf haben«, aber das bedeutet immer Gutes, es heißt, jemandem fällt das Lernen leicht, er hat einen so wachen Verstand, dass er alles sofort begreift und es sich merkt. Dieser Ausdruck wurde in unserer Familie immer für mich verwendet; wenn ich eines ein Leben lang über mich selbst gehört habe, dann dass ich einen flinken Kopf hätte.

Und wozu hat es mir genutzt, fragte ich mich. Dazu, den Traum meiner Mutter wahr zu machen, mich mit dem Mann zu vermählen, für den ich bestimmt war, und sie somit von der Last einer Tochter im heiratsfähigen Alter zu befreien. Mission erfüllt, verheiratet war ich, doch der Traum meiner Mutter hatte sich in einen Albtraum für mich verwandelt.

Was hast du denn erwartet?, frage ich mich weiter. Dachtest du, dein Mann würde dir gefallen, bloß weil er dein Mann ist? Dass ihr dann glücklich leben würdet bis ans Ende eurer Tage?

Im Seminar richtete ich weiterhin die Zimmer her, Zimmer,

die nichts Aufregendes mehr hatten, weil ich sie inzwischen alle gut kannte. Ich sah nichts Geistvolles mehr in diesen kargen Zellen, stellte mir nicht mehr die Studenten vor, die sie früher bewohnt hatten, spann nicht mehr ihren Geschichten oder denen der Nonnen nach, malte mir nicht mehr aus, wie das Zusammenleben hinter diesen Mauern vor einem halben Jahrhundert gewesen sein mochte. Die Ordensschwestern in der Küche freuten sich immer, wenn sie mich sahen, sie fragten mich nach meinem Leben als Ehefrau und fanden weiterhin, ich hätte das Richtige getan. Jetzt noch jung Kinder bekommen, dann hast du sie ganz schnell großgezogen.

Aber nein, erwiderte ich, was sagen Sie da? Dafür ist es noch zu früh, wir haben alle Zeit der Welt.

Gut, bloß warte nicht zu lange, sagten sie: Man sollte Kinder bekommen, solange man noch jung ist.

Schon seit der Hochzeitsnacht nahm ich die Pille, wenigstens in dieser Hinsicht wollte ich mich nicht *überlisten* lassen. So sagten es die Frauen, die ungewollt schwanger wurden, die Zeit oder die Umstände hätten sie überlistet. Das würde mir nicht passieren.

Wenn Gruppen im Seminar übernachteten, übernahm ich an den Wochenenden auch die Küche, stellte im Speisesaal die Gedecke und das Essen bereit, wärmte auf, was aufzuwärmen war. Wenn es sich um große Gruppen handelte, deckte ich auch die Tische für sie ein, damit bei den Mahlzeiten nicht so ein Durcheinander entstand. Für das Frühstück war ich ebenfalls zuständig. Ich kochte große Kannen Kaffee, füllte Saft und kalte Milch ab, legte Zuckertütchen, Marmeladen und kleine Butterpäckchen hin.

Oft wurden an diesen Wochenenden große Tabletts voller Croissants oder Ensaïmadas geliefert. Da sie früh morgens ankamen, noch ehe die Nonnen eintrafen, nutzte ich die Gelegenheit, um mich zu bedienen, wobei ich immer befürchtete, sie könnten abgezählt sein, oder dass es mir schlicht verboten sei, davon zu naschen. Wenn ich am Abend spät nach Hause ging, sagten die Nonnen jedes Mal, ich sollte etwas essen, und ich erwiderte, nein, bei der Arbeit isst man nicht, so hat es meine Mutter mir beigebracht. Manchmal bestanden sie solange darauf, bis ich doch in etwas hineinbiss, aber ich versuchte das stets zu vermeiden.

Wenn allerdings morgens das Gebäck kam, ofenfrisch, konnte ich nicht widerstehen. Ich wusste, jedes Stück war eine Kalorienbombe – vor meiner Hochzeit hätte ich so etwas nie gegessen, aber seit wir mit meinem Cousin-Ehemann von da unten zurückgekehrt waren, hatte ich nichts mehr unter Kontrolle. Zuhause sah meine Mutter mir staunend dabei zu, wie ich das Brot in ihren Eintopf tunkte, einen Eintopf, den sie in einer großen Schüssel für alle servierte, den aber oft wir beide alleine aßen, weil mein Ehemann-Cousin ausging, ohne zu sagen, wann er zurück wäre, und wir nicht ewig auf ihn warten wollten. Ich hielt dazu meinen Mund, aber meine Mutter hatte ihn öfters gebeten, Bescheid zu sagen, ob er zum Mittagessen heimkäme oder nicht. *A wah a Lalla*, antwortete er ihr, mit der Bezeichnung, die für die Tante väterlicherseits, aber auch für die Schwiegermutter verwendet wird.

Meine Mutter wunderte sich über meine veränderten Gewohnheiten – anstatt wie zuvor nichts zu essen, saß ich nun fast so lange über meinem Teller wie sie. Allerdings aß meine Mutter nur die vorgesehenen Mahlzeiten und naschte nichts zwischendurch. Wenn ich im Seminar in der Küche war, sagte ich mir zwar, dass ich dort, an meinem Arbeitsplatz, nichts essen dürfe. Aber manchmal huschte ich doch in die Kühlkammer und schnappte mir, heimlich wie ein Einbrecher, ein paar Käsescheiben, die vom Frühstück übrig geblieben waren. Nur eine, dachte ich, doch dann nahm ich eine zweite und noch eine und stopfte sie mir sofort in den Mund, schlang sie hastig hinunter, damit bloß niemand mich essen sah – dabei war ich alleine in der Küche. Manchmal, wenn ich mir sicher war, dass niemand käme, ging ich auch an das Regal neben den Öfen und nahm mir von den Mandeln, die als Snacks dienten. Ich schob mir eine Handvoll in den Mund und hatte dann Schwierigkeiten beim Kauen. Immer, wenn ich etwas aß, kam es mir vor, als würde ich es stehlen, als beginge ich eine Straftat und dürfte mich nicht ertappen lassen. *Heimlich* war das Wort, das ich dazu im Kopf hatte, aber dahinter stand die kindische Befriedigung, gegen eine strenge Regel zu verstoßen, die wer auch immer mir vorgeschrieben hatte. Ein kleiner Racheakt.

Wurden morgens Croissants gebracht, aß ich eins oder zwei, mehr aber nicht, denn nach dem zweiten war das Gelüst gestillt. Kamen Ensaïmadas, verdoppelte sich die Freude, denn die waren höchstwahrscheinlich nicht in Butter, sondern in Schweineschmalz gebacken, das Vergehen also ein zweifaches, gegen die Regeln der Diät und gegen die der Religion.

Mein Verhängnis aber waren die *Negritos*, Scheiben von Biskuitrollen, wunderbar fluffig, gefüllt mit Sahne und umhüllt von Kuvertüre. Von ihnen zu kosten, kam mir nicht wie ein Verstoß vor, sondern wie die Aufkündigung sämtlicher Benimmregeln. Die schnelle Süße, die mir sofort zu Kopf stieg, der Kontrast der Texturen – in diesen Momenten konnte ich die Zunge meines Cousins in meinem Mund ganz vergessen und hatte meinen Körper wieder für mich. Wenn sie also *Negritos* brachten, gab es für mich kein Halten. Nur einen und damit basta, sagte ich mir, aber dann aß ich einen zweiten, einen dritten und noch einen, immer weiter, bis ich nicht mehr mitzählte.

Es folgte eine schmerzhafte Magenverstimmung, die mit einer eigentümlichen Traurigkeit einherging, so, als ob ich mich selbst bestraft hätte. In dieser Traurigkeit verfolgt mich immer dieselbe Erinnerung: Meine Mutter und ich in der Speisekammer im Haus meines Onkels und meiner Tante, halb versteckt, flüsternd. Sie hat im Gebüsch hinter dem Haus ein Ei gefunden, als sie einem Huhn folgte – es hatte das Ei dort gelegt. Weil niemand sie sah, nahm meine Mutter das Ei und brachte es in die Küche, mir unauffällig winkend, damit ich ihr folgte. Sie hat mir ein Rührei mit einem Stück Brot gemacht. In der Kammer mit der niedrigen Decke, wo die Oliven zum Trocknen lagern, das Öl, der Zucker und die Küchengeräte, lässt sie mich Platz nehmen. Sie schaut mir zu, wie ich das Ei esse, und sagt zu mir, ich solle mich beeilen und niemandem davon erzählen.

Hätte ich gewusst, wie ich mich zum Erbrechen bringen könnte, ich hätte es getan. Aber selbst beim Gedanken an die Zunge meines Cousins übergab ich mich nicht. Ich verbrachte den Rest des Tages mit Bauchgrimmen und der sündigen Schuld, die ich nicht abwerfen konnte, denn in der Religion meiner Mutter hat bisher niemand die Beichte eingeführt.

Schon so lange habe ich nicht mehr gelesen, dass das Bild von mir mit einem Buch in der Hand einem ganz anderen Leben anzugehören scheint, von dem ich immer öfter bezweifele, dass es jemals Wirklichkeit war. Je weiter ich mich davon entferne, desto einfacher wird alles, sage ich mir. Doch ich werde ein gewisses Unbehagen nicht los, ein Gefühl, als befände ich mich in Gefahr.

Je gründlicher ich mir das Lesen abgewöhne und vergesse, was ich aus den Büchern gelernt habe, von den Wörtern, von den Texten – je gründlicher ich all das abstreife, umso leichter wird es mir fallen, mich in mein neues Leben zu fügen. Siehst du?, sage ich mir: Ein Wort wie dieses, *sich fügen*, ist zum Beispiel ein Teil jener Vergangenheit, von der ich mich entfernen will; denn die normalen Leute, mit denen ich in meinem Alltag rede, würden so ein Wort nie benutzen, man merkt, dass es ein Bücherwort ist, eins der Wörter, die man nur in der Schriftsprache gebraucht. Ohne all dieses nutzlose Wissen würde ich mich nicht so fühlen, wie ich mich fühle, nicht so unglücklich mit der Wirklichkeit, die ich mir selbst ausgesucht habe. Das Wichtige ist, die Wahl zu haben, sagten sie mir, aber in meinem Fall ist daraus eine Katastrophe geworden. Ich traf meine Wahl, um die Dinge leichter zu machen, um zu versöhnen, um die Welt meiner Mutter und meine eigene Welt in Einklang zu bringen. Vielleicht ist es eine Frage der Zeit, vielleicht gewöhne ich mich früher oder später daran. Schließlich haben es alle, die mir vorausgingen, auch so gemacht, und keine von ihnen wurde gefragt, ob sie heiraten wollte oder nicht, ob sie das Leben wollte, das sie nun führt, und trotzdem sind viele von ihnen glücklich. Ich bin es nicht, weil ich nicht weiß, wie man ohne Bücher glücklich sein kann, ich muss es noch lernen, muss lernen, die Wörter hinter mir zu lassen, die schönen, die präzisen, die poetischen, jene, die vieles zugleich sagen können, jene, die sagen, was sie nicht sagen, jene, die von anderen Menschen seit Tausenden von Jahren verwendet worden sind, jene, die schon vor Jahrhunderten dasselbe bedeuteten wie heute. Je weiter ich mich von den Wörtern entferne, desto ähnlicher kann ich meiner Mutter werden.

Diese Gedanken suchen mich angesichts der nächsten Veränderung heim, der neuen Arbeit, die man mir angeboten hat, und mit der ich heute anfange. Ich habe schließlich doch noch mit der Mediatorin gesprochen, und sie sagte: Nimm den Job.

Ich erzählte ihr, welche Pläne die Tochter des Bürgermeisters für die Zeit nach ihrem Mutterschutz gemacht hatte und dass sie ihr Kopftuch für unvereinbar mit dem öffentlichen Dienst hielt.

Nimm den Job, wiederholte sie, du wirst ihn gut machen. Du wirst dich mit den Frauen gut verstehen, das ist das Schwierigste, und sie werden dich respektieren. Wenn du den Job nicht nimmst, geben sie ihn einer anderen, und ich wusste doch eh, dass sie mich rausschmeißen würden, auf die eine oder andere Art.

Das sagt sie mir mitten auf dem Marktplatz, und für einen Moment übertönt das Geschrei der Verkäufer unser Gespräch. Ich weiß nicht, ob in ihrer Stimme Resignation oder Traurigkeit mitschwingt, vielleicht beides.

Das Unbehagen, das mich erfüllt, seit ich weiß, dass ich heute mit der neuen Arbeit anfange, rührt von der Gefahr her, die es bedeutet, wieder mit Schriftstücken in Kontakt zu sein; mit Wörtern, die mir Lust zu verschaffen drohen und mich dorthin zurückführen könnten, wo ich einmal war – zu meinem Fluchtplan, weil ich der Verlockung, mir ein anderes Leben zu suchen, erlag.

Während ich zur Plaça Don Miquel de Clariana gehe, sage ich mir, dass es für dergleichen zu spät ist, dass ich nun so oder so verheiratet bin, mit einem Loch zwischen den Beinen wie der Abfluss einer Spüle, mit dem Klirren leerer Flaschen, das jedes Mal in meinem Unterleib erklingt, wenn mein Cousin-Ehemann auf mir liegt und sich ergießt; dass das Schlimmste jetzt überstanden ist und ich bei der neuen Arbeit zwar Dokumente lesen muss, aber keine Literatur, und so werde ich nicht wirklich in Gefahr geraten. Dass die Büroräume, in denen ich arbeiten werde, im ehemaligen Gebäude der Bibliothek liegen, ist bloß ein Zufall, eine Anekdote, und wird mich höchstens ab und zu an mich selbst beim Lesen erinnern, an all die langen Winternachmittage, der Nebel draußen so dicht, dass man kaum einen Meter weit sah, und meine Mutter zuhause in Sorge, mir könnte auf dem Hin- oder Rückweg etwas zustoßen. Sie und die anderen Frauen sprachen oft von Entführungen, von Mädchenmorden, aber das Schlimmste – so entnahm ich es dem Ton, den sie anschlugen, und dem Geheimnis, das die von ihnen angedeuteten Vorkommnisse zu umwehen schien – das Schlimmste, was dir passieren konnte, war, dass du vergewaltigt wurdest; verschleppt, vergewaltigt und abgelegt wie ein schmutziges Küchentuch, unbrauchbar. *Vergewaltigen* sagten die Frauen nicht, denn dieses Wort gibt es in der Sprache meiner Mutter nicht. Sie sagten: Die und die haben sie mitgenommen und mit ihr gespielt, wie sie nur konnten, danach haben sie sie zurückgeschickt. Oder sie sagten: Die haben sie kaputt gemacht. Sie haben mit ihr gespielt und sie kaputt gemacht, das war das Furchtbarste, was einem Mädchen passieren konnte. Irgendwann verstand ich, dass sie vom Entjungfern redeten, aber eine Zeit lang rätselte ich noch, worin dieses Spielen und Kaputtmachen bestehen sollte, und fragte mich, ob das, was der Lkw-Fahrer mit mir angestellt hatte, nicht auch darunter fiel. Klären konnte ich das natürlich nie, denn niemandem habe ich davon erzählt, nicht einmal der Lehrerin, die ein bisschen wie eine zweite Mutter für mich war. Nicht dass sie mich dann auch für kaputt halten würde.

Bei meiner neuen Arbeit als Mediatorin treffe ich mit einer Frau zusammen, die mich an diese Lehrerin erinnert. Aber nun suche ich keine zweite Mutter mehr, werde mich nicht von ihr adoptieren lassen. Nun habe ich mich für ein Leben entschieden, das eher dem meiner Mutter ähnelt als dem der Frauen von hier.

Reiner Zufall, sage ich mir, dass ich in dem früheren Bibliotheksgebäude arbeite. Doch wenn ich es betrete, empfängt mich der feuchte Geruch der alten Häuser dieser Stadt, der Geruch tausendjähriger Steine. Da drohen mir die Wörter alle auf einmal in den Kopf zu stürmen, mich zu überfluten, mir die vertikale Linie von oben bis unten aufzureißen, sodass ich von außen werde, was ich von innen bin. Das wird nicht geschehen, sage ich mir. Wenn es geschähe, würden alle mich für verrückt halten, und *maßlos* wäre das einzig treffende Wort für mich. Die Maßlosigkeit eines Flusses, der über die Ufer tritt, eines Wasserschwalls, so gewaltig, dass meine Welt ihn nicht fassen könnte und die Welt der anderen, der Einheimischen, wahrscheinlich auch nicht. Maßlosigkeit ist nie gut und kann oft gefährlich werden. Seit ich das Gebäude betreten habe und den Geruch einatme, der mich mit tausend Erinnerungen an all die langen Lese-Winternachmittage meiner Kindheit anweht, hat noch ein weiteres Wort mich zu belagern begonnen: *steril*. Steril musst du sein, sage ich mir, steril musst du sein wollen und dich entsprechend verhalten. So sehr dich die Wörter verlocken mögen, du wirst ihnen nicht in die Falle gehen.

Ich weiß nicht mehr, wo ich den Begriff *steril* herhabe, ich meine mich zu erinnern, dass er bei irgendeiner Dichterin wichtig war, aber ich komme nicht darauf, bei welcher.

Schon nach kurzer Zeit stelle ich fest, dass mein neuer Job als Mediatorin keineswegs eine Gefahr für das Leben ist, für das ich mich entschieden habe, keineswegs ein Fluchtweg aus meiner jetzigen Welt in die andere. Die Tochter des Bürgermeisters stellt mich meinen Kolleginnen vor, erklärt, ich würde sie an zwei Tagen in der Woche unterstützen und meine Aufgabe sei im Wesentlichen das Dolmetschen. Danach bittet sie mich an einen Tisch und lässt mich den Vertrag unterzeichnen.

Wir können dich nicht direkt vom Rathaus aus anstellen, weil du die Staatsbürgerschaft nicht hast, deshalb läuft es über eine Dienstleistungsfirma.

Ich lese die zwei Blätter durch, zwölf Stunden pro Woche, der Stundenlohn beträgt die Hälfte von dem, was sie mir im Seminar zahlen. Alles andere als eine Arbeit, die mir zur Flucht aus meinem jetzigen Leben verhelfen könnte.

Da mein Gehalt als Mediatorin für uns also vorne und hinten nicht reicht, muss ich auch im Seminar weitermachen. Ich hätte gerne, wie die normalen Leute, eine Arbeitswoche von Montag bis Freitag, doch das ist das Vorrecht derer, die zuerst hier ankamen und die Gewissheit haben, von hier zu sein. Meine Mutter sagt immer noch manchmal »Es ist deren Land«, aber für mich ergibt das nicht viel Sinn, es ist doch Zufall, dass die einen früher an einen Ort gekommen sind als die anderen, nichts als Zufall.

Einige Male sah es aus, als könnte ich am Seminar auf die Werktage wechseln, indem ich den Job einer Köchin oder Putzfrau übernähme, die dort aufhörte. Aber das sind Vertragsstellen, sie werden nicht über eine Zeitarbeitsfirma vermittelt, und der Leiter, aus mir unbekannten Gründen (ich nehme an, wegen des Mangels an Vertrauen, der den Marokkanern gegenüber herrscht, man weiß ja, irgendwann fangen die immer an, Probleme zu machen), der Leiter will mich nicht per Hausvertrag anstellen. Das hat er mir zwar so nicht gesagt, doch ich merke es. In einem der Fälle, als eine Frau gekündigt hatte und sie Ersatz suchten, meinte er zu mir, er werde es sich überlegen, aber dann kam er nicht mehr darauf zurück, bis mir die Nonnen die neue Arbeitskollegin vorstellten und ich somit erfuhr, dass mein Gesuch abgelehnt worden war. Wenn die Verwaltung schweigt, heißt es nein, sagte ich mir damals, ohne vermeiden zu können, dass ich mir lächerlich vorkam.

Am Wochenende gibt es ja mal Arbeit und mal nicht, erklären mir die Nonnen, und bevor du kamst, waren es immer wieder andere, denn auf Dauer haben die meisten keine Lust, bloß stundenweise einzuspringen. Wir finden es gut, dass du jetzt immer kommst, sagen sie. Wenn dauernd andere kommen, müssen wir jedes Mal von neuem erklären, wie hier alles funktioniert, und wir sind schon zu alt, um so viel Geduld zu haben.

Will sagen, wenn sie mir keinen richtigen Vertrag geben, liegt es daran, dass ich zeitlich flexibel bin. Aber müsste das nicht auch für die Frau am Empfang gelten? Und die hat doch einen Vertrag mit dem Haus. Na ja, der Empfang muss natürlich immer besetzt sein, auch wenn keine Gäste da sind.

Das sage ich den Nonnen, weil ich weiß, dass sie öfter mit dem Leiter sprechen, aber ich mache mir keine Hoffnungen. Bei unseren seltenen Begegnungen wiederholt der Leiter unermüdlich, wie gut ich spreche, dass ich genau den Akzent von hier, den Tonfall dieser Stadt habe. Einmal kam er sogar in die Küche, um mir zu gratulieren. An meinem letzten Arbeitstag, ehe ich zu meiner Hochzeit abreiste, war er nicht da, also schrieb ich ihm auf, welche Zimmer ich schon gerichtet hatte, und welche noch gemacht werden mussten. Es war ein sehr schlichtes Schreiben, rein informativ und sachlich, doch offenbar war er gerührt, er kam in die Küche gerannt mit einer Begeisterung, wie ich sie nie zuvor bei ihm gesehen hatte, einem ungewohnten Glanz in den Augen, wie ein lebendiger Mensch, er, der sonst immer so spröde und ausdruckslos war. Er gab mir sogar die Hand: Ich möchte Sie beglückwünschen, Ihr kleines Schreiben ist ein Wunder.

Ich wusste gar nicht, was er meinte, und dachte schon, ich hätte irgendetwas geschrieben, woran ich mich nicht erinnern konnte.

Makellos, kein einziger Rechtschreibfehler, alle Pronomen korrekt, die Zeichensetzung, alles picobello. Stellen Sie sich vor, der Mann, der unseren Parkplatz betreut, der ist seit 30 Jahren hier, aber wenn der mir einen Zettel hinterlässt, kann ich den kaum lesen, so schlecht ist er geschrieben.

Mich befremdete seine Begeisterung, und ich dachte an die Vorstellung von *gut schreiben*, die Analphabetinnen wie meine Mutter hatten – für sie bedeutete gut zu schreiben eine klare und schöne Handschrift zu haben, bei der die Buchstaben nicht aussahen, als hätte ein Traktor sie umgepflügt.

Aber auch die Begeisterung des Leiters für meine Orthografie führte nicht dazu, dass er mir feste Arbeitszeiten ermöglichte.

Meine Mutter sagt mir, ich dürfe nicht so viel arbeiten, das sei weder für die Gesundheit noch für die Ehe gut. Ich weiß nicht, wie laut meine Stimme wird, wenn ich ihr antworte, was ich denn ihrer Meinung nach machen solle, da mein lieber Ehemann doch in keiner Weise aufgeweckt sei und die Nächte vor dem Fernseher verbringe und die Tage verschlafe. Sie und ich gehen arbeiten, er schläft, was für ein Rollentausch, was für eine Unordnung der Dinge. Das heißt übrigens keineswegs, dass meine Mutter und ich nicht auch noch den Haushalt machen würden. Wir halten die Wohnung sauber, die er achtlos verschmutzt, wir kochen und waschen, meine Mutter müht sich ab, um die Ordnung zu wahren, die wir hatten, ehe er dazukam, denn das bedeutet nun viel mehr Arbeit als früher. Mein Cousin tut gar nichts, mein frischgebackener Ehemann ergießt sich jeden Abend in mir, schläft seelenruhig und entspannt ein, und wenn er tagsüber wach ist, streunt er durch die Straßen und schlägt die Zeit in Cafés tot, im Palaver mit seinen neuen Bekannten. Zu allem Überfluss gibt meine Mutter ihm Geld, wir können ihn doch nicht ganz mittellos lassen, der Arme, er hat doch hier niemanden.

Wir Armen, denke ich. Aber für meine Mutter stand die Familie schon immer höher als alles andere, und sollten mein Onkel und meine Tante von meinem Cousin-Ehemann irgendwelche Klagen hören, würde sie es nicht ertragen. Sie hat ihnen immer Geld geschickt, selbst in der Zeit, als wir selbst kaum über die Runden kamen, aber klar, wir sind in einem reichen Land, und sie, du kennst doch das Elend bei uns da unten. Nun, da er hier ist, schickt sie seinen Eltern weiter Geld, und obendrein gibt sie ihm noch welches – von ihren Ausgaben für meine Hochzeit ganz zu schweigen, die eigentlich die Familie des Bräutigams hätte tragen müssen. Sie können es eben nicht, sagt sie mir immer wieder, und er wird es uns schon zurückgeben, wenn er arbeiten darf. Nicht einmal meine Mitgift hat er gezahlt, der Richter fragte mich, ob ich sie von ihm erhalten hätte, und ich sagte ja, aber das war gelogen. Meine Mutter hatte für all das Gold bezahlt, das ich bei meiner Hochzeit trug.

Es ist nicht gut, dass du so viel arbeitest, sagt sie zu mir, die Männer mögen es nicht, wenn du wichtiger bist als sie, daran zerbrechen Ehen.

Ich weiß nicht, ob ich wichtiger bin als mein Cousin-Ehemann oder nicht, aber ich weiß, dass wir uns mit dem, was wir beide verdienen, meine Mutter und ich, schon keine Extras erlauben können, nichts außer der Reihe. Die Freundinnen meiner Mutter erzählen oft, was sie mit dem Geld machen, das sie sich dazuverdienen, indem sie für ein paar Stunden putzen gehen oder Treppenhäuser wischen: dass sie dieses Geld ansparen, bis sie sich davon Schmuck oder Kleider kaufen können, die ihre Ehemänner ihnen nicht bezahlen wollen. Sie arbeiten, um Geld für sich selbst zu haben, nicht um die Familie zu ernähren. *Iwa safi*, sagen sie, das heißt: Was sonst? Wenn ich schon arbeiten gehe, soll ich dann noch ihm das Geld geben? Ich bin doch nicht bescheuert.

Aber klar, wenn sie arbeiten gehen, dann ist es etwas, das sie zusätzlich zu ihren Aufgaben als Hausfrau tun, und wenn eine von ihnen früher einen festen Job hatte, dann sah ihre Familie das nicht gerne und ihr Mann erinnerte sie sogleich daran, was ihre wichtigste Aufgabe und wo ihr Platz war. Meine Mutter aber hat nie gearbeitet, um sich Extrawünsche zu erfüllen, sondern um uns durchzubringen, sich und mich. Nun aber arbeitet nicht mehr nur sie, wir tun es beide, um neben unserem eigenen Bedarf auch noch den meines Ehemanns zu decken, der mir mehr und mehr wie ein Parasit vorkommt. Deshalb erlaube ich mir meine kleinen Racheakte. Ich kaufe mir Kleider in den Geschäften in der Innenstadt, anstatt auf dem Markt, und manchmal gehe ich zum Friseur. Ich habe mir die Haare tiefschwarz färben lassen, *nachtschwarz* hieß die Tönung, weil mein rötliches Braun so weit entfernt war von der Lieblingshaarfarbe der Frauen, einem glänzenden Schwarz.

Es war acht Uhr morgens, als ich diese Frau bei sich zuhause abholte. Du musst ihr zeigen, wo die Bushaltestelle ist, und sie begleiten, wenn sie die Kinder hinbringt, sie macht das sonst nicht, hatte mir am Tag zuvor meine Kollegin im Rathaus gesagt. Sie muss begreifen, dass es für alle das Beste ist.

Als ich an der Tür des alten zweistöckigen Hauses im Carrer de Sant Francesc geklingelt hatte, streckte die Frau den Kopf zum Fenster heraus und sagte zu ihrer Tochter, sie solle mir öffnen. Ich wollte nicht hineingehen, aber sie bestand darauf, sie rief von oben, na komm schon, bleib nicht da draußen, es ist noch früh am Morgen und bitterkalt.

Die Wohnung, auch wenn sie dunkel ist und die Möbel aussehen, als hätten sie schon darin gestanden, als der Mann der Frau sie anmietete, strahlt eine tröstende Behaglichkeit aus. Es liegen Geruchsspuren vergangener Mahlzeiten in der Luft, auch von Räucherstäbchen, die gestern abgebrannt wurden, und eine Wärme, die nicht von einem Heizofen zu kommen scheint. Ich setze mich auf die *Mtarbath* im Esszimmer und denke: Hier könnte ich bleiben. Die Frau begrüßt mich mit zwei schnellen Wangenküssen und eilt sofort zurück ins Schlafzimmer, wo sie ihre jüngere Tochter ankleidet. Als die Kleine aus dem Zimmer kommt, reibt sie sich vor Müdigkeit die Augen.

Bist du sicher, dass man das nicht anders regeln kann? Ich habe ja nichts dagegen, dass die Mädchen zur Schule gehen, aber den ganzen Tag lang? Das ist zu viel, für sie und für mich.

In ihrem Blick liegt eine Verzweiflung, mit der ich nicht umgehen kann, und auf einmal kommt mir meine Tätigkeit als Mediatorin wie die schlimmste Arbeit der Welt vor. Ich muss Dinge durchsetzen, die mir selbst nicht rechtens erscheinen. Doch unbeirrt sage ich der Frau das Gleiche, was ihr gestern schon meine Kollegin erklärt hat: Die Kinder an einer Schule hier in der Nähe unterzubringen, ist unmöglich, weil keine Plätze frei sind.

Das ist gelogen. Aber ich kann ihr ja nicht erklären, dass die Kleinen deshalb mit dem Bus zu einer Schule in eins der umliegenden Dörfer fahren müssen, weil vermieden werden soll, dass alle Marokkaner sich an derselben Lehranstalt sammeln, denn dann würden sich Ghettos bilden – und was sie mir sonst noch an meinem ersten Arbeitstag eingeschärft haben. Natürlich sagen sie zu den Kindern, die sie auf diese Weise verteilen, nicht *Marokkaner*, auch nicht *Immigranten*, sie sagen *Kinder mit besonderem Förderbedarf*, das klingt hygienischer.

Die ältere Tochter trägt das Haar zu einem straffen Pferdeschwanz gebunden, und ihre Augen leuchten vor Begeisterung.

Du hast doch gesagt, dass wir in der Schule kein Schweinefleisch und überhaupt kein Fleisch essen müssen, oder?

Nein, müsst ihr nicht, antworte ich, das wurde euch ja letztes Mal schon erklärt – ihr bekommt Eier oder Käse oder Fisch.

Siehst du, Mama? Du brauchst dir keine Sorgen zu machen, uns wird es da gut gehen.

Dir ja, mein süßer Kaumagen, aber deine Schwester ist noch so klein.

Wieder schaut sie mich an, während sie der Kleinen den Mantel zuknöpft: Könnte man bei ihr nicht noch warten, bis sie etwas älter ist?

Ich sage ihr, dass hier die Kinder mit drei Jahren eingeschult werden, und damit belüge ich sie zum zweiten Mal, denn ich lasse aus, dass die Vorschule von drei bis sechs Jahren nicht verpflichtend ist. Laut einem Rathausbeschluss sollen die *Kinder mit besonderem Förderbedarf* so früh wie möglich eingeschult werden, damit sie beizeiten die Sprache lernen. Je später sie mit der Schule anfangen, desto weiter hängen sie zurück und desto mehr Arbeit machen sie dem Bildungssystem.

Als wir an der Carretera de la Guixa stehen, neben uns der eisige Fluss, weint die Frau bitterlich.

Du machst deinem Kind ja Angst, flüstere ich ihr zu, die Kleine wird denken, dass hier was Schlimmes passiert.

Passiert denn hier nichts Schlimmes? Ich bin bisher immer bei ihnen gewesen, bis vor vier Tagen habe ich die Kleine noch gestillt – und nun soll ich sie stundenlang nicht sehen?

Der Bus ist da. Ich stelle ihr die Betreuerin vor, die während der Fahrt auf die Kinder aufpasst. Die Große gibt ihrer Mutter einen Kuss und steigt ein. Die Kleine klammert sich an der Mutter fest, fängt an zu weinen, will bei ihr bleiben. Aus dem Bus heraus lächelt die Betreuerin uns an.

Komm rein, sagt sie zu der Kleinen, bei uns hast du es gut.

Die Mutter tupft sich weiter mit einem Zipfel ihres Kopftuchs die Tränen ab und sagt: Geh schon, ihr kommt ja ganz bald zurück.

Aber die Kleine klammert sich noch fester an sie. Die Mutter macht eine Geste, als wolle sie sie abschütteln, allerdings halbherzig. Die Betreuerin blickt zu mir: Nehmen Sie das Kind und übergeben Sie es mir.

Das tue ich und merke dabei, dass es mit einer für seine Größe schier unvorstellbaren Kraft an der Mutter klebt. Ein bisschen gedankenlos reiche ich es an die Frau im Bus weiter. Die Türen schließen sich und dämpfen das markerschütternde Gebrüll des kleinen Mädchens.

Ich begleite die schluchzende Mutter noch ein Stück. Um sie zu trösten, sage ich ihr, dass viele Frauen sich freuen würden, wenn sie tagsüber ein paar Stunden frei hätten und tun könnten, was sie wollen. Doch sie sagt, was sie wolle, sei mit ihren Kindern zusammen zu sein – sie habe hier niemanden sonst, und die beiden seien so sanfte und gute Mädchen, nie bereiteten sie ihr Verdruss, sie seien die beste Gesellschaft. Seit sie Kinder habe, habe sie sich nicht mehr allein gefühlt.

Mein Mann kommt spät von der Arbeit, was soll ich denn machen? Was mache ich den ganzen Tag, in der Wohnung eingeschlossen?

Ich sage, sie könne doch aus dem Haus, die Stadt kennenlernen, spazieren gehen, und sie schaut mich an, als hätte ich nicht den Hauch einer Ahnung von ihrem Leid.

Ich komme erschöpft nach Hause, mit dem Gefühl, etwas Schmutziges oder zumindest Unrechtes getan zu haben. Im Rathaus wurde so entschieden: Die Verteilung der Kinder auf verschiedene Schulen im Umkreis sei die am wenigsten schlechte Lösung. Das müsstet ihr dieser trostlosen Mutter mal darlegen, denke ich, aber nein, das ist meine Aufgabe: Sie bedienen sich meiner, um marokkanische Familien von etwas zu überzeugen, was sich Familien, die schon ihr ganzes Leben hier verbracht haben, niemals gefallen lassen würden. Es ist nur zu ihrem Besten, hat die Kollegin erwidert, als ich ihr sagte, dass ich es nicht in Ordnung finde und auch keinen Sinn darin sehe, Kinder in einem Dorf in der Umgebung zur Schule zu schicken, wenn sie eigentlich eine vor der Haustür haben.

Mit all dem bin ich immer noch in Gedanken beschäftigt, und in meinem Kopf hallen die Schreie des kleinen Mädchens nach, als ich merke, dass sich am Esstisch meine Mutter und Driss gegenübersitzen – sie stützt das Kinn in die Hand, er kaut an den Fingernägeln. Nein, er kaut nicht an den Nägeln, sondern macht nur eine Geste, bei der er sich die Fingerspitzen zwischen die Zähne schiebt – der Effekt ist der gleiche. Es hat etwas Seltsames, wie sie da sitzen, auf mich wirkt es, als hätten sie sich bei etwas festgefahren. Unwillkürlich kommt mir der Tag in den Sinn, als meine Mutter mir den Vorschlag machte, meinen Cousin zu heiraten. Du kannst ja oder nein sagen, so, wie du willst, versicherte sie mir. – Und nun dauert es nicht lange, bis meine Vorahnung sich bestätigt.

Komm, setz dich, sagt mir meine Mutter, wir müssen dir etwas sagen.

Allerdings gibt es für diesen Satz in ihrer Sprache zwei Formen: *Komm, ich muss dir etwas sagen*, oder: *Komm, ich muss dir sagen*. Die zweite Variante kommt ohne Objekt aus, und wird sie in ernstem Ton vorgebracht, kann sie weit strenger wirken als die erste, geradezu bedrohlich. Als ich klein war, bekam ich das immer von meiner Mutter zu hören, wenn ich etwas Verbotenes getan hatte: Komm, ich muss dir sagen. Wenn noch deutlicher anklingen sollte, dass mir eine Strafe bevorstand, setzte sie obendrein ein t vor das Verb, das für sich keine Bedeutung hat und in der Sprache meiner Mutter eigentlich ein Femininum anzeigt. In diesem Satz aber signalisiert es, dass die Person, die ihn spricht, verärgert ist.

Wenn mein Kopf sich jetzt in solchen Analysen ergeht, dann nur, weil ich nicht weiß, was meine Mutter und mein Mann von mir wollen, wie sie da sitzen und eine Einheit bilden. Ich nehme Platz und höre zu, und gewiss können sie in meinem Gesicht das Unwohlsein lesen, das ihre Worte in mir auslösen – nicht nur im Gesicht, sondern an meinem ganzen Körper, der sich anspannt, eine Verteidigungshaltung einnimmt. Ohne es zu bemerken, habe ich mich am Schaumstoff der *Mtarbath* festgeklammert, auf der ich sitze. Meine Mutter umkreist das Thema, indem sie mir sonst was über verheiratete Frauen erklärt, die sich nicht benehmen sollten wie alleinstehende. Dass wir schließlich und endlich, auch wenn wir schon so lange in einem christlichen Land lebten und sie mir viele Freiheiten gelassen habe, trotzdem Muslime seien und dass wir Musliminnen, also die guten Frauen, die keine Dirnen seien, uns auf eine Weise verhalten und kleiden sollten, die erkennen lasse, dass wir Töchter *Sidis* sind, anständige Töchter. Aber von Dirnen hört sie sofort wieder auf zu reden, weil sie merkt, dass dieses Wort mich noch mehr verspannt, und sie will ja, dass ich ihr zuhöre, will mich überzeugen. Mein Cousin sagt immer noch nichts, als sie hinzufügt, eine gute Ehefrau achte darauf, nicht den Eindruck zu erwecken, sie sei alleinstehend. Natürlich könne ich machen, was ich wolle, doch mir sollte auch klar sein, wie mein Verhalten auf andere wirke.

Ich sehe sie an und frage: Was willst du mir sagen?

Allerdings klingt diese Frage in ihrer Sprache entrüstet, signalisiert unbedingte Ablehnung dessen, was man zu hören bekommt.

Dass das Kopftuch nichts Schlechtes ist.

An diesem Punkt halte ich es nicht mehr aus, und ich glaube, ich werde laut: Kopftuch? Ich? Was haben wir ausgemacht? Was hatten wir ausgemacht? Habe ich dir nicht gesagt, dass ich es nicht tragen werde, auch nicht als Verheiratete?

Meine Tochter, meine Tochter, entgegnet sie ganz sanft, es ist nichts Schlechtes, und dir steht es gut, du weißt doch noch, als du klein warst, hast du dir im Spiel meine Kopftücher umgebunden, und du sahst ganz reizend damit aus.

Ich habe nicht vor, ein Kopftuch zu tragen, sage ich: Nie.

Da schnellt mein Cousin hoch und fängt an zu schreien: Was ist mit dir los? Was hast du denn?

Die Formulierung, die er verwendet, kommt eher einem »Was ist verdammt nochmal los mit dir?« gleich, enthält aber kein Kraftwort, nur ein Verb, das großen Verdruss ausdrückt. *Mischm ide'wen?* Als sei ich nicht bei Trost, als hätte ich nicht mitzureden.

Ich habe es euch gesagt, ich werde kein Kopftuch tragen, auch nicht als Verheiratete.

Das stimmt nicht, erwidert er, was wir besprochen haben, ist, dass du studieren kannst und dass du arbeiten kannst, wenn du willst, aber vom Kopftuch war nicht die Rede. Mein Vater wusste davon nichts, das sage ich dir, und jetzt hat er davon Wind bekommen, dass seine liebe Schwiegertochter hier auf der Straße rumläuft wie ein leichtes Mädchen, mit unbedecktem Kopf und als hätte sie kein eigenes Zuhause. Hast du nicht gemerkt, wie die Männer dich angaffen?

Ich schaue ihm ins Gesicht und ich schaue meiner Mutter ins Gesicht.

Was man über mich redet, ist nicht mein Problem. Ich werde kein Kopftuch tragen. Nie.

Mein Cousin ruft verzweifelt *Mutter meiner Großmutter*, haut sich auf den Schenkel und beißt sich auf die Unterlippe.

Lal-la, sag du es ihr. Du genießt Freiheiten wie keine Frau vor dir in unserer Familie, aber das reicht dir nicht, und du kannst dir nicht die Mühe machen, dir ein Stück Stoff um den Kopf zu wickeln?

Welche Freiheiten habe ich denn?, frage ich zurück.

Du machst, was du willst, du kommst und gehst, wann du willst, du kaufst dir Kleider, Make-up, du gehst zum Friseur und du arbeitest. Ich erlaube dir zu arbeiten, und du bist nicht fähig, mir und meiner Familie, die deine Familie ist, den kleinsten Gefallen zu tun?

Was, du erlaubst mir zu arbeiten? Bist du dir sicher? Du vergisst: Wenn ich nicht sieben Tage in der Woche arbeiten gehen würde, säßest du nicht hier und hättest keinen Pfennig, um dir Sonnenblumenkerne zu kaufen. Muss ich dich daran erinnern, woher du kommst?

Er sieht mich wütend an und will auf mich losgehen, Tochter des, ist er im Begriff zu sagen, doch meine Mutter erhebt sich und stellt sich ihm in den Weg.

Driss, ich bitte dich bei deinen Eltern, du behandelst meine Tochter mit Respekt und erhebst nicht die Hand gegen sie.

Er beißt sich wieder auf die Lippe, seine Fäuste lässt er hängen, und dann geht er, knallt die Tür hinter sich zu. Meine Mutter weint.

Mutter, hör mir zu: Ich werde kein Kopftuch tragen, und wenn ihm das nicht recht ist, soll er sich eine andere suchen, die Papiere hat er ja jetzt, oder?

Es ist nicht wegen ihm, schluchzt sie, es ist wegen deinem Onkel und deiner Tante, die sind doch schon alt, und solcher Kummer …

Mein Cousin kehrte bis zum Abend nicht zurück, und die Wohnung war erfüllt von einer drückenden Stille, gegen die nicht einmal die schrillen Stimmen aus dem Fernseher ankamen. Ich ging früh schlafen, in der Hoffnung, mein unechter Ehemann würde nie wieder zurückkehren, der Verdruss, den ich ihm bereitet hatte, würde ihn weit fort von hier treiben, er würde zu seinen Eltern zurückkehren oder bei seinen alleinstehenden Freunden einziehen oder zu einer anderen Frau gehen, die ihn mit Freude empfangen würde, denn ich war dazu immer noch nicht imstande.

In der Nacht zuvor hatte er sich wieder auf mich geworfen und einmal mehr verlangt, ich solle liebevoller zu ihm sein, mich wie eine Ehefrau verhalten und nicht wie ein Stein. Er ergriff meine Arme, die reglos neben meinem Körper lagen, schlang sie um seinen Hals und sagte: Na komm schon. Im Dunkeln sah ich ihn nicht, nahm nur seinen Geruch nach frisch ausgewaschenem Lammdarm wahr und dachte: Er soll sich beeilen, er soll schnell zum Ende kommen und mich in Ruhe lassen. Doch aus irgendeinem Grund reichte es ihm diesmal nicht, mich im Dunkeln zu penetrieren, sich zu entladen und erschlafft neben mich zu sinken.

Du bist meine Frau, es spricht nichts dagegen, dass du Sachen mit mir machen willst – das, was erlaubt ist, so muss es sein. Gefalle ich dir denn kein bisschen?

Ich bin nur zu deinem Vergnügen hier, dachte ich, als Loch für deine Bedürfnisse diene ich, mir bleibt nichts anderes übrig; was willst du noch von mir?

Aber ich sagte nichts. Er begann mich zu begrabschen, mich wahllos und ohne Rhythmus am ganzen Körper zu befingern, er drückte mich unter der Decke an sich und flehte weiter, ich solle netter zu ihm sein. Weil er nicht aufhörte, schlug ich ihm schließlich vor, die Stellung zu wechseln.

Für mich wäre es besser, wenn ich oben wäre.

Das vermutete ich nur – denn fast immer, wenn ich mich in den Jahren vor meiner Hochzeit selbst befriedigt hatte, hatte ich mir etwas anderes vorgestellt, als auf einem Bett zu liegen und darauf zu warten, dass jemand alles für mich erledigen würde. Ich sah mich aufrecht, während ein anderer Körper mich umarmte, andere Hände mich berührten, oder ich sah mich auf meinem Partner sitzen, den Kopf zurückwerfen, meine Brüste in der Luft.

Nachdem ich meinem Cousin gesagt hatte, dass ich lieber oben wäre, schwieg er eine Weile, als würde er es sich überlegen, aber dann streckte er sich neben mir aus. Ich setzte mich auf ihn, bereit, ihn zu reiten, aber er war nicht mehr da, er war zwischen meinen Beinen erschlafft.

Ich kann so nicht, ich weiß nicht, wie das geht.

Und plötzlich kamen mir Ausdrücke in den Sinn, mit denen man in der Sprache meiner Mutter demütigende Situationen beschreibt: *über jemanden steigen, jemanden über sich steigen lassen.* Und auch wenn ich keine Lust gehabt hatte, den Bitten meines Cousins nachzukommen, verspürte ich nun, da ich über ihm war, eine gewisse Erregung, hoffte, er würde sich entschließen, und endlich würde der Körper meines Mannes mir einmal dazu dienen, mich ebenfalls zu entladen. Aber nein, das einzige, was geschah, war, dass ich mit meinem erwartungsvollen Geschlecht zurückblieb. Ich legte mich auf meine Seite des Betts, und er drehte sich weg, ohne ein Wort zu sagen.

Ich begann mich zu fragen, ob etwas mit mir falsch war, etwas, das es mir unmöglich machte, die Ehefrau zu sein, die ich sein sollte. Ich bin ja nicht die einzige Frau auf der Welt, die eine Vernunftehe eingegangen ist, ich kenne viele, die trotz eines solchen Anfangs mit den Jahren glücklich und zufrieden in ihrer Ehe geworden sind. Wie machen sie das? Wie sieht ihre Intimität aus? Sie gewöhnen sich wohl an den unbekannten Körper ihres Mannes, er wird ihnen vertraut und sie lieben ihn einfach, weil er ihr Mann ist – der Mensch, der jede Nacht neben ihnen schläft. Dasselbe sollte ich tun, aber ich kann es nicht. Jedes Mal, wenn er sich mir nähert, kommen mir Wörter, Ideen, Gedanken in den Sinn. Ich nenne mich steril, aber vor allem klingt mir der Schlusssatz des Romans von Mercè Rodoreda im Ohr: Wie widerlich die Liebe, wie widerlich.

In der Dunkelheit unseres Zimmers mit den billigen Möbeln denke ich unweigerlich immer wieder, was für eine Scheiße, dass ich nicht sein kann wie die anderen Frauen, mich zum Glücklichsein mit dem begnügen, was ich habe, das muss doch mein Fehler sein.

Der Hauptunterschied zwischen mir und den Frauen, die sich in das Schicksal fügen, das ihnen im Leben zugewiesen ist, die sich nicht beschweren (oder wenn, dann nur im Flüsterton bei den Freundinnen), die mit ihrem Eheleben zufrieden sind – der Hauptunterschied zwischen ihnen und mir, ist, dass sie nicht gelesen haben, ich hingegen schon. Und neben dem schlafenden Körper meines Cousin-Ehemanns erkenne ich: Trotz aller Bemühungen, mein früheres Leben hinter mir zu lassen, kann ich nach wie vor nicht so denken wie eine Analphabetin.

Die ganze Nacht hat ein Gewicht auf mir gelastet, ein Druck, der mich auch im Schlaf nicht tief atmen ließ. Als der Wecker klingelte, habe ich mich erhoben wie ein Automat und gedacht: Denk nicht länger drüber nach, tu es halt und fertig. Je eher du dich daran gewöhnst, umso besser. Schließlich ist es nicht dasselbe, wie einen Unbekannten zu heiraten, es ist etwas Oberflächliches, Äußerliches, ein Detail, dass dich weder definiert noch verändert. Betrachte es als eine Verkleidung.

Ich habe mich gründlicher gekämmt als je zuvor, habe mir das Haar zu einem Dutt gebunden und mir vor dem Spiegel das Kopftuch angezogen. *Funara* hat einen anderen Klang als *Kopftuch*, es ist ein speziellerer Begriff, dessen ganzes Bedeutungsgewicht darauf liegt, dass es sich um ein Kleidungsstück für Frauen handelt. Eine *Funara* darf zu nichts anderem dienen, als den weiblichen Schopf zu umhüllen, ein Tuch dagegen schon.

Ich habe eine schwarze ausgewählt, damit sie nicht so auffällig ist, und beim Blick in den Spiegel denke ich: Sei nicht dumm, du glaubst doch selbst nicht, dass ein Kopftuch in dieser Stadt jemals etwas Unauffälliges sein wird. In einer größeren Stadt, in der Hauptstadt, würde man dich vielleicht kaum wahrnehmen. Aber hier sind die Leute für derlei Dinge sehr sensibel.

Ich rücke mir die *Funara* über der Stirn zurecht, sodass sie den Haaransatz ganz verdeckt. Die Frauen sagen immer: Wenn du ein Kopftuch trägst, dann auch richtig – diese Geschmacklosigkeit, das Haar nur halb zu verdecken, zählt nicht, damit verspottet man die *Funara* bloß. So betrachtet, scheint die *Funara* ein Sakrament zu sein. Andererseits denke ich unweigerlich daran, dass meine Großmutter sie immer nur über dem Hinterkopf trug, wie ein Pirat; dass ihre geflochtenen Zöpfe darunter hervorlugten, und nur, wenn sie an einen Ort ging, den sie nicht kannte, legte sie ein zweites Tuch an, um ihre Ohren zu bedecken. Aber auch einige meiner Tanten und manche Nachbarinnen trugen die *Funara* früher so locker, als sei sie zufällig auf ihrem Kopf gelandet; dicke Strähnen quollen ins Freie, manchmal rutschte ihnen das Tuch auch ganz vom Haar. Dann banden sie es neu, aber ebenso lässig wie zuvor.

Seit einiger Zeit jedoch sagen die Frauen: Entweder du trägst die *Funara* ernsthaft, oder du lässt es sein, damit spielt man nicht. *Ernsthaft* heißt, dass sie das Gesicht einrahmt und man sie, damit sie ganz straff und sauber sitzt, nicht unter dem Kinn festknotet, sondern mit einer Sicherheitsnadel feststeckt.

Als ich vor dem Spiegel das Kinn hebe, um die Sicherheitsnadel anzubringen, komme ich mir vor wie ein Lamm, dem der Kopf nach hinten gestreckt wird, um ihm die Kehle durchzuschneiden. Als ich dann spüre, wie mir die *Funara* das Gesicht einschnürt, brennt ein Schmerz in meinem Rachen, und ich stelle mir vor, dass es sich für die Lämmer ähnlich anfühlt, wenn sie getötet werden. Mach nicht so ein Theater, ermahne ich mich, aber im Spiegel erblicke ich eine Fremde, ich sehe mich nicht so, wie ich bin, und ich schäme mich dafür, die Frau im Spiegel zu sein.

Alle Prophezeiungen haben sich erfüllt, die über mir dräuten wie über allen Töchtern der Marokkanerinnen hier. Es lohnt sich eigentlich nicht, sie zur Schule zu schicken, hörte ich einmal jemanden sagen: Sobald sie ein bisschen älter sind, werden sie in ihrem Land verheiratet, und zack, Kopftuch, Hausfrau,

Kinder kriegen. Aber die Leute, die so reden, denken nie an unsere Einsamkeit und bieten uns keine Alternative; wenn wir gegen unsere Familien aufbegehren, stellen sie uns keinen Ort zur Verfügung, an dem wir Zuflucht finden könnten. Lasst euch nicht gängeln, rebelliert gegen die altmodischen und primitiven Traditionen eures Volks, entflieht der Diskriminierung und dem Sexismus. Aber wenn wir die Brücke überqueren, was erwartet uns auf der anderen Seite? Eine tröstende Umarmung und die Hilfe, die wir bräuchten? Oder nicht vielmehr eine eisige Gleichgültigkeit, ein *Sieh zu, wie du zurechtkommst, hier gibt es nichts geschenkt?* Und habt ihr je darüber nachgedacht, wer diejenigen sind, die nicht über die Brücke kommen? Versteht ihr nicht, dass man die Schwächsten nicht im Stich lassen darf, jene, die weder das Wissen haben noch die Möglichkeit, frei entscheiden zu können, wie sie leben wollen? Wenn ich fliehe und meine Mutter auf dieser Seite der Brücke zurücklasse – habt ihr euch je vorgestellt, wie sie leiden würde?

Mein Kopf hält einen unmöglichen Monolog, einen Monolog als Antwort auf die Fragen, die mir Leute, die mich kennen, stellen könnten, wenn sie mich zum ersten Mal mit Kopftuch sähen. Oft ergeht es mir so: Ich überlege, was ich diesem oder jenem Menschen sagen will, und es kommt eine lange persönliche Ansprache dabei heraus. Dabei ist das Wahrscheinlichste, dass mich niemand auf das Kopftuch ansprechen wird.

Während ich durch die Straßen gehe, bin ich mir selbst fremd, würde mich am liebsten verstecken, und wahrscheinlich drücke ich mich enger an die Hausmauern als sonst. Ich halte den Blick gesenkt und denke: Ich klage mich an. Dafür, so zu sein wie meine Mutter, so wie all die Frauen, die mir vorangegangen sind, und zu nichts und wieder nichts hat all die Bildung, hat all die Lektüre genutzt. So, wie ich nun herumlaufe, kann ich mich einfügen, wie es sich gehört, in das Leben, das ich habe und das mir zusteht.

Am Morgen nach dem Abend, an dem ich meiner Mutter und Driss gesagt hatte, ich würde mich eher umbringen lassen, als ein Kopftuch anzuziehen, wurde meine Mutter krank. Auf die Art, wie sie manchmal krank wird, ohne irgendeine organische Ursache, die ihr Unwohlsein erklären würde. Dieses Unwohlsein äußert sich darin, dass sie nicht aufstehen kann und den ganzen Tag im Bett bleibt. Sie ließ mich bei Maria anrufen, um Bescheid zu sagen, dass sie heute nicht kommen könne, sie ließ mich dem Metzger ausrichten, dass sie krank sei und heute nicht das Brot für ihn machen könne.

Für mich gibt es nichts Bedrückenderes, als sie so zu sehen. Als ich noch klein war und es ihr manchmal so erging, erfüllte eine schwere Stille unsere feuchte Innenstadtwohnung, und überdeutlich spürte ich, dass ich ohne meine Mutter völlig allein auf der Welt wäre. Wenn sie auf diese Weise erkrankte, war es egal, ob sie im Bett lag und ich wusste, dass sie nichts Schlimmes hatte: Sie war dann nicht anwesend, und ich stand allein da, ganz allein. Keine Großeltern, keine Onkel und Tanten, keine Cousins und Cousinen, niemand, nur wir beide, und wenn sie krank wurde, na los, Kind, finde dich zurecht.

Mich zurechtzufinden fiel mir nicht schwer, ich war schon sehr selbstständig, zog mich alleine an, machte mir Frühstück, hatte meine Schultasche am Abend zuvor gepackt. Aber dass ich mich allein fühlte, hatte nichts damit zu tun, ob ich selbstständig war, und dass ich mich zurechtfand, half nicht gegen die Einsamkeit.

Nun war meine Mutter schon lange nicht mehr krank gewesen. Seit ich mit der Schule fertig bin und beschlossen habe zu heiraten, seit sie und ich uns so nah sind wie noch nie, wirkt meine Mutter zufriedener, glücklicher und fröhlicher denn je. Sie fasst es in einem *Lhamdu li-Llah* zusammen, Gott sei gedankt, wenn sie an unsere Geschichte denkt, unsere schwierige Geschichte seit wir hier ankamen, mit all dem Kummer, den wir ertragen mussten, aber am Ende, wie im Märchen, am Ende fügt sich doch alles zum Guten. *Lhamdu li-Llah.*

Gestern ging es schon eine Woche lang so, sie lag im Bett und stand fast gar nicht auf, sie aß nichts, sprach nicht einmal die Gebete. Ich habe es verstanden, sagte ich ihr, es ist meine Schuld, dass du in diesem Zustand bist.

Dabei dachte ich, nein, nicht ich bin schuld, sondern ihre eigene Art ist schuld – wie wichtig sie nimmt, was die Leute sagen, was die anderen Marokkaner denken und vor allem ihre Familie da unten, die stets über alles im Bilde ist, was wir hier tun und lassen. Warum kümmern sich die Leute nicht um ihren eigenen Kram? Das sagte ich zu ihr an dem Abend, als wir diskutierten – warum geben sie das Geld für die Anrufe nicht aus, um ihren Familien wichtige Dinge zu sagen, anstatt sich das Maul zu zerreißen?

Doch nun sehe ich mich selbst auf der Straße, wie ich mich ducke, aus Furcht, mich könnte jemand sehen, der mich kennt, und ich sage mir: Du bist doch genau wie deine Mutter, dir ist auch das, was die Leute sagen, wichtiger als alles andere. Wenn nicht, wie kommt es dann, dass du dich dafür schämst, ein Kopftuch zu tragen? Die wissen doch nicht, ob du es trägst, weil du es willst, weil dir dazu geraten worden ist oder weil du dich von den Umständen gezwungen siehst. Und dies ist ein freies Land, oder? Du kannst machen, was du willst – so oft hat man dir das gesagt.

Diese Gedanken helfen mir nicht, mich mit dem Kopftuch wohler zu fühlen, ich habe immer noch den Schmerz in der

Kehle, einen Schmerz so ähnlich, wie wenn ich die Tränen zurückhalte, und ich denke, vielleicht liegt das nicht an der Sicherheitsnadel, sondern daran, dass ich am liebsten weinen würde, schreien, dieses Stück Stoff zerreißen, dieses und all solche Stücke Stoff, die je dafür gemacht worden sind, dass ich mich gefangen fühle.

Ich gehe weiter auf meinem Weg zur Arbeit, dicht an den Gebäuden entlang, auch an der Stadtmauer, und als ich am Tor zur Altstadt ankomme, auf dem Carrer de la Mare de Déu dels Àngels, öffne ich die Sicherheitsnadel und ziehe mir das Tuch herunter. Als ich meiner Mutter sagte, einverstanden, ich lege die *Funara* an, habe ich sie auch vorgewarnt: Wir werden aber nicht riskieren, dass sie mir bei der Arbeit kündigen. Sobald ich da in der Nähe bin, nehme ich das Tuch ab.

Aber ja, meine Tochter, antwortete sie mir zufrieden, aber ja, das werden alle verstehen, Gott behüte dich, Gott behüte dich.

Ich husche durch die Straßen wie ein Schatten, der sich auflöst. Niemand soll mich sehen, am liebsten wäre ich ein Gespenst. Ich will, dass mich niemand sieht, der mich kennt, weder einer von den Marokkanern noch einer von den anderen. Auch Leute, die mich nicht kennen, sollen mich nicht sehen. Ich gehe mit der Sicherheitsnadel unterm Kinn, und der Kloß in meiner Kehle ist angewachsen, inzwischen lastet er mir auf der Brust. Ich sage mir, der Wahnsinn belauert dich an jeder Straßenecke, und dann sage ich mir, wenn der Wahnsinn dich belauert, dann siehst du doch nicht, dass er dich belauert.

Ich habe die Ausstatterin angerufen und sie gebeten, mich mit ihrem Auto aus der Stadt hinauszubringen. Sie hat den Führerschein gemacht, sobald sie 18 war, und das gibt ihr eine Bewegungsfreiheit, die für mich unvorstellbar ist. Im Inneren des Fahrzeugs entzieht sie sich der Kontrolle, dort können die Marokkaner sie nicht so überwachen, wie wenn sie zu Fuß unterwegs ist. Und wenn sie losfährt, weiß niemand, wo sie anhalten wird. Niemand kann sie hindern, wenn sie weit wegfahren will, aus der Stadt hinaus, dahin, wo keiner sie kennt. Hat sie irgendetwas vor, wofür sie hier gnadenlos heruntergeputzt würde, so kann sie es tun. Sie kann tanzen gehen, kann Dinge essen, die nicht *halal* sind, kann Alkohol trinken und ins Bett gehen, mit wem sie will. Vielleicht tut sie nichts von all dem, aber Tatsache ist, sie könnte es, wenn sie wollte, und niemand würde davon erfahren.

Als ich neben ihr im Auto sitze, sage ich: Fahren wir weg von hier, so weit weg, wie du kannst.

Neugierig blickt sie mich an. Was ist mit dir los, Mädchen?

Ja, schau doch, siehst du mich nicht, siehst du nicht, was ich trage?

Sie habe sich gewundert, mich mit Kopftuch zu sehen, antwortet sie, aber in letzter Zeit fingen ja viele Mädchen damit an, die das früher nie getan hätten, und ihr stehe es nicht zu, den Leuten vorzuschreiben, was sie tun oder lassen sollten. Sie fragt mich, ob ich es denn nicht tragen wolle.

Aber mir bleiben zunächst die Worte im Hals stecken, als wir die mit Jauche gedüngten Felder hinter uns lassen und ich sehe, wir fahren in Richtung der Großstadt, in der ich gerne leben würde. Richtig weit können wir allerdings nicht fahren, ich muss nachher noch ins Seminar …

Während ich ihr dann doch von meinem Mann erzähle, von meiner Mutter und ihrer merkwürdigen Krankheit, öffne ich die Sicherheitsnadel, die in meine Haut drückt, und schüttele mein von der *Funara* befreites Haar, als wären wir im Cabrio unterwegs wie in einem amerikanischen Film.

Anfangs versucht die Ausstatterin sich zurückzuhalten, aber nach einer Weile bricht es aus ihr heraus: Genügt es ihnen denn nicht, dass du ihm die Papiere besorgt und ihn hergeholt hast? Reicht es ihnen nicht, dass du ihn aushältst, während er den Tag verschläft oder durch die Cafés tingelt? Ich schaue sie an und bin ein bisschen neidisch. Sie trägt das Haar zu einem Pferdeschwanz gebunden, es ist dunkelbraun und glatt, ohne dass sie es dafür irgendwie hätte behandeln müssen. Sie hat ein edles Gesicht, mit hohen Wangen und riesigen Augen, die sie durch ihr Make-up noch betont, dazu volle Lippen, die, wenn sie sich empört, so wie jetzt, auf anmutige Weise erbeben.

Aber neidisch bin ich nicht nur, weil sie hübscher ist als ich und sich so kleidet, schminkt und das Haar trägt, wie ich es gern täte. Neidisch bin ich, weil wir beide aus demselben Dorf da unten stammen, weil wir mehr oder weniger im gleichen Alter hierher kamen und nun in völlig verschiedenen Situationen sind. Auch die Ausstatterin wurde heruntergemacht, auch ihr stellten die Männer auf der Straße nach, mehr noch als mir, denn ihre Rundungen sind für Marokkaner unwiderstehlich, und ihr Gesicht entspricht dem höchsten Schönheitsideal im Rifgebirge. Sie haben versucht, sie unter Kontrolle zu bringen, indem sie mit ihrem Vater redeten und sie bei ihrer Mutter verpetzten, aber sie hat sich nie etwas vorschreiben lassen, hat sich auch nicht mit dem Spruch *Du kannst machen, was du willst* begnügt, sondern wirklich all das gemacht, was sie wollte. Dabei ist ihre Mutter gar nicht so anders als meine, sie legt genauso großen Wert darauf, die Traditionen zu wahren, und dass die Töchter ihrer Herkunft treu bleiben. Aber der Hauptunterschied zwischen der Ausstatterin und mir ist wohl, dass sie Geschwister hat und einen Vater; das Glück ihrer Mutter hängt nicht allein von ihr ab.

Sie hat mich zu einem Einkaufszentrum weit entfernt von der Stadt gebracht. Wir klappern die Modeläden ab, und sie interessiert sich für Teile, die ich nie anziehen könnte – zu eng, zu weit ausgeschnitten, zu kurz. Sie hält mir ein schulterfreies Kleid hin und sagt: Das würde dir richtig gut stehen. Dazu ein Strickjäckchen über die Schultern und fertig.

Ich bewundere sie für ihre Freiheit, eine Freiheit, die sie sich erkämpfen musste, die nun aber nicht angestrengt wirkt, sondern ganz natürlich, sie gehört zu ihr.

Na komm, probier es mal an, du wirst toll darin aussehen.

In der Umkleidekabine fürchte ich, dass ich in dem Kleid steckenbleibe. Seit ich mich beim Essen nicht mehr zusammenreiße, also seit der Hochzeitsnacht, habe ich zugelegt, ich sehe, dass ich runder geworden bin. Das Kleid ist wie eine Pelle, die mich von den Brüsten bis zu den Knöcheln umhüllt. Ich trete aus der Kabine und betrachte mich im Spiegel, komme mir unförmig vor, das Bein, das durch den seitlichen Schlitz hervorsieht, ist voller Haare, und die Socken sehen zu dem Kleid lächerlich aus.

Was du für ein Glück hast mit deiner Figur, sagt die Ausstatterin, das sitzt ja wie angegossen.

Was sagst du da? Ich sehe aus wie eine Wurst auf Beinen.

Quatsch, Mädchen, es steht dir wunderbar, du solltest es kaufen.

Ich muss laut lachen, aber ich merke, sie meint es ernst.

Und wie soll ich es tragen, etwa zusammen mit dem Kopftuch? Und zur Demonstration lege ich die *Funara* an.

Das Bild im Spiegel wirkt plötzlich grotesk, unter dem Tuch ein Körper in ein hautenges Kleid gehüllt, Arme und Schultern nackt.

So solltest du rumlaufen, sagt sie: Die wollen, dass du Kopftuch trägst, oder? Und du trägst es doch. Du befolgst die Regel.

Wir lachen, bis die Verkäuferin kommt, um zu nachzusehen, was los ist. Als sie mich mit der *Funara* und in dem Kleid sieht, weiß sie nicht, was sie tun soll, und sagt, diese Kleider seien nichts für uns.

Die Ausstatterin reißt sich zusammen. Was das heißen solle, diese Kleider seien nichts für uns?

Die sind zu teuer, erwidert die Verkäuferin, und da schreit meine Freundin los: Was hast du denn verdammt nochmal für eine Ahnung, ob ich so was bezahlen kann? Haben wir dir etwa gesagt, wie viel Geld wir haben?

Nein, aber ...

Sie hat angefangen zu schlottern, und wir lassen sie stehen.

Danach sind wir zurückgefahren, denn meine Abendschicht am Seminar rückte näher. Während der Fahrt kehrte eine tiefe Stille ein, erfüllt von Erleichterung und Verständnis.

Ich will dir nicht sagen, was du zu tun hast, schließlich ist es deine Mutter, und wir wissen alle, was sie durchgemacht hat. Aber bedenke, wenn du gar nicht auf dich selbst achtest, bist es am Ende du, die krank wird. Mich bringt es um, zu sehen, dass jemand mit deiner Intelligenz nichts daraus macht. Dich dumm zu stellen, bringt überhaupt nichts, weder dir noch ihr. Davon profitiert bloß dieser nichtsnutzige Mann, den du hast. Der fühlt sich dann nicht bedroht.

Nach unserem Ausflug kam ich mir mit dem Kopftuch auf der Straße erst recht fehl am Platz vor. Einmal traf ich eine meiner Lehrerinnen aus dem Gymnasium, eine radikale Feministin, die ihr kurzes Haar hellrot färbte, sehr schnell redete und sich oft verhaspelte. Mit ihr hatte ich ein paar längere Gespräche gehabt – natürlich nicht so wie die Unterhaltungen mit A, aber wir hatten geredet und sie schien mich zu mögen, ich weiß nicht, ob bloß aus Neugier oder aus echtem Interesse. Ich traf sie, als ich gerade von der Plaça auf die Rambla einbog, und als ich sie sah, dachte ich nicht daran, dass ich das Kopftuch trug. Ich schaute ihr ins Gesicht und öffnete den Mund, um sie zu grüßen, sie aber presste die Lippen zusammen, als hätte sie gerade etwas Unappetitliches erblickt. Ehe ich etwas sagte, hatte sie schon den Kopf abgewandt. Anscheinend macht die *Funara* mich unsichtbar.

Dem Arzt sage ich, dass ich mich wie ein Gespenst fühle, doch ich glaube, er versteht mich nicht. Ich bitte ihn, mich an einen Spezialisten zu überweisen, einen Psychiater.

Wofür brauchen Sie den denn?, fragt er, wobei er unentwegt auf seinem Computer tippt und kaum einen Blick für mich hat.

Ich bin ständig niedergeschlagen und habe oft Panikattacken, dann denke ich, ich sterbe, und kann nicht atmen. Ich müsste mit jemanden sprechen, über Dinge, die mir passieren.

Als er endlich aufhört zu tippen und mich ansieht, ist es bloß, um mir zu sagen, solche Therapien seien sehr teuer, und es sei unwahrscheinlich, dass die staatliche Krankenversicherung die Kosten übernehme. Wenn, dann müsse ich wohl selbst zahlen.

Das kann ich mir nicht leisten, antworte ich, und er sagt, er könne mir Antidepressiva verschreiben und ein Beruhigungsmittel gegen die Attacken – das seien Pillen, die man sich unter die Zunge lege, damit sie sich dort auflösten, und sie könnten Nebenwirkungen haben, vor allem am Anfang.

Seit ich die Tabletten nehme, funktioniert mein Kopf anders, er rastet nicht mehr ein und schweift nicht mehr ab. In jedem Moment tue ich das, was gerade ansteht, und frage mich nicht, ob ich es wirklich will und ob ich ein Leben führe, das mir passt.

Ich verspüre keinen Hass mehr gegen meinen Cousin-Ehemann, er ist mir nur noch gleichgültig, sogar dann, wenn er sich abends auf mich legt. Denn mit den Pillen sind alle Empfindungen, Gerüche und Geschmäcker weniger intensiv, sogar derart abgedämpft, als wären sie nicht meine eigenen. Mein ganzes Ich, mein Körper, meine Handlungen, meine Gedanken, meine Gänge durch die Stadt: Das alles scheint nun zu jemand anderem zu gehören. Seit ich die Tabletten nehme, bin ich unentwegt beschäftigt, zu jeder Stunde des Tages, und indem ich dauernd etwas tue, gelingt es mir, nichts zu denken. Taucht eine Idee in meinem Kopf auf, lasse ich sie einfach vorbeiziehen, verfliegen. Habe ich gerade nichts zu tun, suche ich mir etwas, zum Beispiel die Küchenfliesen einmal gründlich zu polieren oder die Schränke auszuwischen oder auf Knien über den Boden zu rutschen, um die Fugen zu reinigen.

Einige Wochen lang ist das gut gegangen, aber heute – ich weiß nicht, was heute passiert ist. Ich hatte frei, nach zig Arbeitstagen in Folge im Rathaus und im Seminar. Heute kann ich ausruhen, und ich hatte vor, am Morgen ein langes Bad zu nehmen und später vielleicht zum Friseur zu gehen, was mir, seit ich das Kopftuch trage, mehr denn je ein Bedürfnis ist. Doch als ich, noch im Nachthemd, ins Wohnzimmer trat, brach ich zusammen. Ich blieb bei Bewusstsein, konnte mich aber nicht mehr aufrecht halten, als wären meine Muskeln und Knochen plötzlich nicht mehr imstande, mich zu tragen. Am Boden liegend begann ich zu weinen wie ein Kleinkind, nein, eher wie ein Tier, dem die Beine zusammengebunden sind, wie dem Lamm, das Onkel Hammu schlachtete. Die Laute, die ich ausstieß, waren mir fremd, ich wunderte mich, dass sie von mir kamen. Stell dich nicht so an, sagte ich mir. Aber nun hast du es getan, du hast es getan und kannst es nicht rückgängig machen – als hätte ich mich absichtlich fallen lassen oder jemals etwas in der Art geplant.

Zeitweise denke ich wirklich, ich sterbe, denn kein Teil meines Körpers gehorcht mir, ich kann mich nicht bewegen. Dann wieder frage ich mich, was machst du hier auf dem Boden, als wärst du eine Flüssigkeit und man hätte dich auf dem Teppich verschüttet?

Als mein Mann mich so sieht, beginnt er auf mich einzureden, aber ich antworte nicht. Innerlich lache ich darüber, ihn so zu sehen, erschrocken, ratlos. Er weiß nicht, was zu tun ist, und meine Mutter wird frühestens in zwei Stunden zurück sein. Ich spüre, wie mir ein Speichelfaden zwischen den an den Boden gedrückten Lippen hindurchrinnt, und ich merke, dass meine Augen sich bewegen, mein Gesicht aber ist wie erstarrt, und mein Geschrei wird noch lauter, nun, da er hier ist.

Was kann ich für dich tun?, fragt er immer wieder, was kann ich für dich tun? Unablässig murmelt er Koransuren und tigert in der Wohnung herum. Schließlich berührt er meine Hand und sagt, ich sei ja eiskalt, er werde eine Decke holen und sie über mich legen. Ich schreie weiter, während ich innerlich lache.

Am Grenzübergang habe ich meine Entscheidung getroffen. Als ich Schlange stand, umgeben von Bettlern und fliegenden Händlern, von Polizisten, die an der Wand lehnten und nichts taten, außer ab und zu einen Stammkunden dieser Station mit einem Gasrohr zu jagen, und anderen Polizisten, die mit Steinen nach jenen warfen, die über die Grenzmauer zu klettern versuchten. Da mittendrin, an einen der Zäune gedrückt, die vor einigen Jahren errichtet worden sind, wartete ich mit einem Pass, mit dem mich nichts verband, auf den Stempel, um das Land meiner Mutter wieder verlassen und in ein anderes Land zurückkehren zu können, das nicht meines ist, aber wo ich den Großteil meines Lebens verbracht habe.

An diesem Ort, inmitten von Leuten, die jeden Sommer die gleiche Reise unternahmen wie wir, sofern die Arbeit und die finanzielle Lage es erlaubten, dort, in eine dunkle *Djellaba* gehüllt und mit einem dunklen Tuch um den Kopf, weiter denn je davon entfernt, mich selbst zu lieben, dort sagte ich mir, es reicht, ich habe genug, es ist nun wirklich an der Zeit, fortzugehen.

Die Gewissheit kam mir ganz plötzlich, während mir die Bilder der gerade zu Ende gegangenen Rückkehr »nach Hause« durch den Kopf gingen. »Nach Hause« sagen sie in der Sprache meiner Mutter, wenn sie in das Dorf reisen, in dem sie geboren wurden. Es ist ihnen gleich, ob sie schon zehn oder zwanzig Jahre auf der anderen Seite des Meeres leben: Wenn sie die Familie besuchen, das Dorf, das Land, alles, was für ihre Wurzeln steht, sagen sie »ich gehe nach Hause«. Wenn der Sommer näher rückt, fragen die Frauen einander: Gehst du dieses Jahr nach Hause oder nicht?

Ich weiß nicht, ob ich auf unserer Reise nach Hause zurückgekehrt bin, aber irgendetwas musste mit mir passiert sein, sodass ich, als ich zwischen lauter Fremden an der Grenzstation herumstand, beschloss, nun sei es Zeit fortzugehen.

Die Reise hatten wir unternommen, weil das, was sie hier christliche Medizin nennen, für mein Leiden keine Abhilfe schaffen konnte. Nach dem ersten Mal, als ich schreiend mitten im Wohnzimmer zusammenbrach, mir der Speichel aus dem Mund troff und ich zwar die Augen offen hatte, aber auf nichts reagierte, was man mir sagte, häuften sich solche Anfälle. Meine Mutter sagte, wir dürften damit nicht zum Arzt gehen, denn diese Art von Leiden könne sich bei ärztlicher Behandlung noch verschlimmern, bis zu dem Punkt, an dem es unheilbar werde, und dann komme man nie wieder zurück.

Das Leiden bestand darin, dass ich nicht bei mir war, weil eine unaussprechliche Kreatur mich fortschleppte, und um keinen Preis durfte man den Namen dieser Kreatur nennen, man durfte nicht einmal auf die Idee kommen, ihn zu nennen. In Wahrheit wollten sie sagen, dass ich besessen sei, *tuajjef*, so wie es den Neugeborenen passieren kann, den gerade entjungferten Frauen, den frisch beschnittenen Knaben, den Müttern unmittelbar nach der Geburt, aber auch allen anderen Menschen, die, aus welchem Grund auch immer, gerade besonders verletzlich sind. Auf keinen Fall durften wir zum Arzt gehen, stattdessen entschied meine Mutter, wir müssten »nach Hause«, um mich zu kurieren. Neben den Anfällen, bei denen ich brüllend am Boden lag, gab es noch das Thema Haare, und das ließ meine Mutter und meinen Ehemann-Cousin schließlich den Ernst der Lage erkennen.

Seit ich das Kopftuch trug, war ich besessener denn je von meinen Haaren. Ich begnügte mich nicht mehr damit, sie zu glätten, sie jeden Tag aufwändig in die Form zu bringen, die mir und meiner Mutter gefällt. Ich konnte an gar nichts anderes mehr denken. Wenn ich im Haus war, griff ich ständig nach meinem Zopf oder ging ins Bad, um mich im Spiegel zu betrachten, und war ich draußen unterwegs, schob ich dauernd die Hand unters Kopftuch, um mich zu vergewissern, dass meine Haare noch da waren. Ich träumte, sie würden ausfallen, in dicken Büscheln, die mir zwischen den Fingern hängen blieben. Immer häufiger ging ich zur Friseurin, erst nur zum Glätten, aber bald auch, um mir die Spitzen schneiden zu lassen.

Zuvor hatte nur meine Mutter mir die Haare geschnitten. Man muss genau aufpassen, wen man an seine Haare lässt – wenn eine bösartige oder neidische Hand sie dir schneidet, kann es geschehen, dass sie danach nicht mehr wachsen oder sogar ausfallen. Die Hand meiner Mutter aber ist beim Haarschneiden gut, so gut, dass schon andere Mädchen zu ihr gekommen sind und sie darum baten. Alle sagen, wenn sie dir die Haare schneidet, wachsen sie danach besser und kräftiger. Ich weiß nicht, ob das stimmt, mir hat ja nie jemand anders als sie die Spitzen geschnitten. Immer nur die Spitzen, denn die Haare kürzer schneiden wollte meine Mutter mir nicht, bloß die Spitzen, damit sie ordentlich aussahen, und auch das nur im 'Aschura, dem einzigen Monat ihres Kalenders, in dem das Haarschneiden zulässig ist. Einmal im Jahr, das reicht. Nun aber, da ich verheiratet war und Kopftuch trug, dachte ich mir: Was soll's, vielleicht will ich ja die Haare gar nicht mehr lang haben ... Ich begann den Vers der Sängerin, die meine Mutter, als sie jung war, gerne hörte, wörtlich zu nehmen: Die Haare, die mir in den Taschen sterben. Mir starben die Haare unter dem Kopftuch, und deshalb ließ ich sie mir färben, erst hellrot, was mir zu einem ziemlich grotesken Spiegelbild verhalf, dann in einem Aschblond, das mich aussehen ließ wie eine alternde Prostituierte. Natürlich konnte es nicht angehen, dass meine Mutter und mein Cousin mich so zu Gesicht bekamen. Deshalb behielt ich das Kopftuch nun auch in der Wohnung an und achtete peinlich darauf, mich den beiden nie mit unbedecktem Haar zu zeigen. Nachts band ich die *Funara* so fest wie einen Turban, bis ich spürte, wie mir das Blut in den Schläfen pochte.

Bis eines Abends mein Cousin meine Haare anfassen wollte, während ich unter ihm lag. Es reichte ihm nicht mehr, mir seine Lammdarmzunge in den Mund zu zwängen, er wollte auch noch mein Haar übers Kissen wallen sehen. Ich weigerte mich, und wir rangen eine Weile, dann zog er mir das Tuch herunter und entdeckte das Blond der alternden Prostituierten.

Als ich am nächsten Tag von der Arbeit kam, erwarteten mich meine Mutter und er, und sie machte ein Gesicht, als wüsste sie nicht, wer ich war, als wäre ich ihr völlig unbegreiflich geworden.

Es sind doch bloß Haare, sagte ich.

Aber weil ich ihren verdrießlichen Blick nicht ertragen konnte, ging ich aus dem Zimmer.

Es sind bloß Haare, und niemand kriegt sie zu sehen, was kümmert es euch?

Ein paar Tage später sah ich, dass sie im Ansatz wieder dunkel und kraus waren. Ich ging zur Friseurin und sagte, ich wolle sie ganz kurz haben.

Wie, ganz kurz?, fragte die Friseurin, die sich jedes Mal wunderte, wenn ich mit dem Kopftuch ankam, etwas mit meinen Haaren machen ließ und mir dann, ehe ich auf die Straße trat, das Kopftuch wieder umband.

So kurz, dass nichts von dem Blond übrigbleibt.

Mehrmals fragte sie mich, ob ich das wirklich wolle, das sei ja eine ziemlich radikale Veränderung, aber ich bestand darauf. Ich möchte aufhören, mir darüber Gedanken zu machen, sagte ich mir, ich brauche die Haare schließlich zu nichts mehr.

Je mehr sie abschnitt und ich zum ersten Mal meinen Kopf ohne seine gepriesene Pracht entdeckte, seine Form, meine Ohren an der freien Luft, die Stirn breiter denn je, die Augen einer Irren, ein zittriger Mund, desto schwerer fiel es mir, nicht zu weinen. Tatsächlich brach ich in Tränen aus und konnte gar nicht mehr aufhören.

Zuhause kam ich mit bedecktem Kopf an, aber als mein Cousin und meine Mutter mich weinen sahen und fragten, was los sei, dauerte es nicht lange, bis ich das Tuch abnahm. Ihre Erschütterung darüber, mich fast kahl zu sehen, wich der Gewissheit, ich sei übergeschnappt, und sie entschieden, ich müsse nach dort unten, damit ich geheilt werden könnte.

Da mir die Sache ziemlich gleichgültig war, willigte ich ein. Die Osterwoche stand bevor, und am Rathaus hatte ich Ferien. Am Seminar allerdings war es eine Zeit mit besonders viel Arbeit, denn über Ostern kamen große Gruppen, sie nutzten die Tage und den Ort für Familientreffen. Da ich nach wie vor bei der Zeitarbeitsfirma unter Vertrag stand und immer erst mittwochs oder donnerstags erfuhr, ob ich dran war (wobei sie mich bisher für so gut wie jedes Wochenende eingeteilt hatten), gab ich dort Bescheid, dass ich in der Woche nicht zur Verfügung stand. Im Seminar wollte ich dem Leiter persönlich sagen, dass ich aus familiären Gründen über Ostern verhindert war, doch ich traf ihn nicht an, also hinterließ ich ihm eine Notiz am Empfang.

Mit den Nonnen war ich auf vertrauterem Fuß, ihnen erklärte ich in groben Zügen, was mit mir los war, dass ich in letzter Zeit eine Reihe von Nervenzusammenbrüchen gehabt hätte und mich erholen müsse.

Das verstünden sie gut, sagten sie, ohne den Blick von meinem Kopf abzuwenden, in meinem Alter sei das normal, das ging uns allen nicht anders – als wir 20 oder 21 waren, hatten wir es mit den Nerven, aber später legt sich das, weil man sich ans Erwachsensein gewöhnt.

Doch so verständnisvoll sie sich auch zeigten: Davon, wie mein Leben seit meiner Hochzeit aussah, erzählte ich ihnen nichts, eher aus Liebe zu meiner Mutter denn aus Überzeugung, kein Wort über meinen Ehealltag, an den ich mich, allen Bemühungen zum Trotz, nicht gewöhnen konnte, und ebenso wenig sprach ich von der Ungerechtigkeit, dass meine Mutter und ich meinen Mann durchfüttern mussten, dass er den Tag mit Nichtstun verbrachte, achtlos die Wohnung verschmutzte, nach Belieben in der Stadt herumspazierte, seine Freunde zum Kaffee einlud und das Geld, das meine Mutter ihm gab, in Spielautomaten steckte. Auch das Kopftuch erwähnte ich nicht und die Beklemmung, weil ich es tragen musste und weil ich es ablegen musste, wenn ich in die Nähe meiner Arbeitsplätze kam.

Sie hätten das Kopftuch vielleicht sogar hingenommen, schließlich trugen sie selbst ihr Haar bedeckt, aber sicher war ich mir nicht, und so nahm ich immer, wenn ich an der Kreuzung von Carrer Gurb und Ronda Camprodon ankam, die *Funara* ab und richtete mir die Frisur. Denn wenn das Tuch die Ordensschwestern vielleicht nicht stören würde, so würde doch der Leiter mich seltsam ansehen, wenn ich ihm über den Weg lief, und er könnte über den guten Eindruck, den er von mir hatte, ins Zweifeln geraten. Womöglich würde er noch einen falsch gesetzten Akzent in einem meiner kleinen Schreiben entdecken, den er zuvor übersehen hatte.

Im Haus meiner Schwiegereltern behandelten mich alle mit äußerster Behutsamkeit, mir schien, sie senkten die Stimmen, sobald sie in meine Nähe kamen. Manche der Frauen machten ein kummervolles Gesicht und stießen ein unübersetzbares *Ah* aus, das zugleich Schmerz, Mitleid und Ergebenheit in die Entschlüsse Gottes ausdrückt. Ich glaubte, das Wort für *unselig* zu hören, was in der Sprache meiner Mutter so viel wie *die Ärmste* heißt; es kann auch *arm* im materiellen Sinn heißen, in diesem Fall aber bedeutete es *die Ärmste, was für ein Kummer.*

Gleich am Tag nach unserer Ankunft kam der *Refqi*, so nennt man in der Sprache meiner Mutter den Imam. Bevor er eintraf, sollte ich mich auf unser Bett legen und wurde bis über die Ohren zugedeckt, damit er mich nicht sehen konnte. Er hatte meinen Körper vor sich, doch da ich derart verhüllt und der *Refqi* ein angesehener Geistlicher war, stand nichts zu befürchten und lag nichts Ungehöriges darin, dass er und ich in dem Zimmer allein blieben. Denn dieser Mann, den ich nicht sah und nicht sehen würde, mit einer heiseren Stimme und einer Art, das R auszusprechen, als kaute er dabei auf etwas herum, so wie sie es in einigen Dörfern in der entfernteren Umgebung taten, schickte alle anderen aus dem Zimmer. Unwillkürlich dachte ich an den Lkw-Fahrer, und eine unpassende Erregung befiel mich bei der Vorstellung, dass ich nun ganz allein mit einem Fremden sein würde. Und da er eine Art Medizinmann war, ein Hexer, der böse Geister vertrieb, machte ich mir überdies Sorgen, er könnte meine heimliche Erregung unter der Decke erspüren.

Doch er sagte nichts, begann das Gebet zu murmeln, mit dem jede Sure des Korans beginnt, im Namen Gottes, des Erbarmers, des Barmherzigen. Ich konnte eigentlich nicht genug Arabisch, um es so genau zu übersetzen, doch als ich vor Jahren mehr über die Religion meiner Mutter erfahren wollte, hatte ich mir eine

Koran-Übersetzung in der Sprache unseres neuen Landes besorgt, hatte festgestellt, dass alle Suren mit denselben Worten beginnen, und daraus geschlossen, dass deren arabisches Original *Bi ismi Allah Arraham Arrahim* lauten musste. Was *bi ismi Allah* hieß, wusste ich natürlich, denn alles, was man beginnt, sei es eine Arbeit oder eine Mahlzeit, tut man mit einem *bi ismi Allah*, »im Namen Gottes«, ebenso wie man alles mit einem *Lhamdu li-Llah* beschließt, einem »Gott sei gedankt«. Nicht gewusst hatte ich, was die Worte *Arrahim* und *Arraham* bedeuteten, sie klangen für mich nach Männernamen. Barmherzig und gnädig. Weil ich in dem Alter, als ich den Koran in Übersetzung las, noch keinen sehr großen Wortschatz in meiner neuen Sprache hatte, musste ich diese Begriffe im Wörterbuch nachschlagen.

Daran dachte ich, während ich da still und zugedeckt lag, mit einem Fremden, der Suren murmelte und sich auf einmal einen Schuh auszog, einen Pantoffel, ihn umdrehte und begann, damit auf mir herumzuklopfen, auf meinem ganzen Körper. Ab und zu legte er mir seine linke Hand auf die Stirn, aber mit der rechten gab er mir unablässig weiter leichte Schläge, als gälte es mich zu versohlen. Für einen Augenblick befiel mich die Furcht, er könnte mich wirklich prügeln, und mir fiel ein, was ich im Lauf meines Lebens über diese Rituale gehört hatte – dass bei manchen sogar glühende Messer in die Haut gedrückt würden. Aber nein, der Imam rezitierte weiter Suren und klopfte mit dem Pantoffel, und hin und wieder sagte er: *Llah ichsi Schitan*, »Gott vertreibe den Dämon«. Seine Litanei und der stetige Rhythmus seines Schuhs wirkten beruhigend, und zum ersten Mal seit langer Zeit wurden meine Gedanken träge, ein Gefühl so ähnlich wie Frieden durchströmte mich.

Er stellte mir ein Schriftstück aus, mit Feder und wässriger Tinte, ein Schreiben, das ich nicht lesen konnte, dann faltete er es zusammen, bis es in ein kleines Etui passte, das ich nun immer bei mir tragen sollte, am besten um die Taille gebunden unter der Kleidung, auf der Haut. Das, so erklärte er meinem Onkel, wird sie schützen.

In den Tagen danach behandelten mich weiterhin alle sehr zuvorkommend, kümmerten sich um mich, ließen mich keinerlei Hausarbeit verrichten, aber auch nicht ohne Begleitung hinausgehen. Wenig Sorgen um meine Gesundheit schien sich mein Cousin-Ehemann zu machen, der seit unserer Ankunft wieder sein früheres Leben führte, das von vor der Hochzeit: Er fuhr in die Stadt, aß auswärts zu Mittag und war mit seinen alten Freunden unterwegs. Meine Mutter hatte ihm das nötige Geld für unsere Reise mitgegeben, und ohne zu zögern verschleuderte er es für alles, was ihm Spaß machte. Ich stellte mir vor, wie er die Leute, mit denen er zusammen war, großspurig einlud, denn so pflegen es erfolgreiche Auswanderer zu tun – und natürlich ließ er unerwähnt, dass er sein finanzielles Wohlergehen allein der Arbeit seiner Frau und seiner Schwiegermutter zu verdanken hatte. Das verschwieg er, weil es ehrlos war. Mit unserem Geld um sich zu werfen, stellte hingegen kein Problem für ihn dar.

Als wir am Grenzübergang Schlange standen, betrachtete er mich für einen Moment und sagte: Ich finde, du siehst viel besser aus, es hat dir gutgetan, nach Hause zu kommen.

Er ging nachschauen, wie es vorne in der Schlange aussah, ob sich etwas bewegte, während mir seine Worte im Kopf nachhallten. Und plötzlich sah ich klar. Ich konnte es nicht, so sehr ich mich auch bemühte; ich konnte mich nicht an ein Leben mit ihm gewöhnen, daran, jede Nacht mit ihm zu verbringen. Mit einem Mal sah ich die Gefahr, die mir drohte, die Gefahr, die sich in meinen Panikattacken verbarg, das tiefe Unbehagen meiner Tage und Nächte, das Gefühl, ein zerfließender Schatten zu sein, der sich an den Häusermauern entlang drückte, und mir wurde klar, dass all meine Liebe zu meiner Mutter diese Gefahr nicht entschärfen konnte. Die Gefahr war, tatsächlich den Verstand zu verlieren, und in diesem Moment der Hellsichtigkeit verdichteten sich meine Gedanken zu einem Entschluss, klar und deutlich: Lieber alleine sein als irre werden.

Aber ich ging nicht weg, als ich von der Reise zurückgekehrt war. Zum zweiten Mal sah ich meine Fluchtpläne gescheitert. Diesmal, weil *die Zeit mich überlistet hatte* oder weil die Pille nicht wirkte; vielleicht hatte ich Durchfall gehabt oder sie einmal vergessen.

Ich lasse dir, Mutter, ein Kind als Pfand. Das Meer kann ich dir nicht lassen, das haben wir ja in unserer Stadt auf der Hochebene nicht, allenfalls könnte ich dir die Kälte und den Nebel lassen, die uns in den neun Wintermonaten hier umhüllen, und die unerträgliche schwüle Hitze der drei Sommermonate. Aber ich lasse dir ein Kind, das wird dir bessere Gesellschaft leisten.

Das denke ich auf dem Bahnsteig, die Hände auf meinen Unterleib gepresst, weil ich das Gefühl habe, mir werde noch etwas herausfallen von da drinnen. So ähnlich fühlte es sich an, als vor vier oder fünf Tagen das Wasser austrat. Am frühen Morgen erwachte ich mit einem dumpfen Schmerz in den Lenden, einem heftigen Druck, und als ich mich mühsam aufrichtete, floss mir ein Schwall die Beine hinab und durchnässte den Teppich im Wohnzimmer.

Seit wir von meiner Schwangerschaft wussten, bestand ich darauf, im Wohnzimmer zu schlafen, denn der Geruch meines Ehemanns löste Brechreiz bei mir aus, und seine bloße Anwesenheit versetzte mich in miese Laune, die ich auch nicht mehr verbarg, sondern offen zur Schau trug. Meine Mutter sagte, dass manche Frauen in meinem Zustand seltsame Anwandlungen hätten, wobei das Wort, das sie verwendete, *Thinithin*, für weit mehr steht als nur irgendwelche verschrobenen Gelüste in der Schwangerschaft. Es gibt auch ein Verb dazu, und wenn man sagt, dass eine Frau *thinith*, heißt das, sie ist schwanger und leidet an Schwangerschaftserscheinungen. Übelkeit und Erbrechen vor allem, aber auch Erschöpfung, Neigung zur

Untätigkeit bei denen, die sonst fleißig arbeiten. Heißhunger auf bestimmte Speisen, den es, wann immer möglich, zu stillen gilt, weil sonst das Baby Schaden nehmen könnte, Hautflecken oder Schlimmeres davonträge. Zu den möglichen Auswirkungen zählt aber auch, dass man sich zu bestimmten Menschen unwiderstehlich hingezogen fühlt und gegen andere Abscheu entwickelt. Da will die Frau auf einmal unbedingt diese oder jene Person sehen, sonst findet sie keine Ruhe. Manche denken dabei sogar an jemanden, der weit entfernt ist oder den sie nur von Fotos kennen, und es verwundert nicht, dass das Neugeborene dann diesen Fremden ähnlicher sieht als dem eigenen Vater. Häufiger aber kommt das Gegenteil vor – dass die Schwangere einen offenkundigen, völlig unerklärlichen, allein ihrem Zustand geschuldeten Widerwillen gegen einen der Menschen entwickelt, mit denen sie zusammenlebt. Sie schließt leidend die Augen und sagt: ich kann ihn nicht mehr sehen, nicht mehr ertragen, nicht mehr ausstehen. Oft ist dieser Jemand der Ehemann, mit dem sie bis vor Kurzem noch geschlafen hat, der Vater des in ihrem Leib heranreifenden Kindes. Frauen, die sonst folgsam und pflichtbewusst sind oder gar unterwürfig – solche, die ihrem Mann nie widersprechen –, werden plötzlich intolerant, geradezu unnachgiebig ihm gegenüber und ertragen nicht mehr seine Nähe. Als ich meiner Mutter sagte, dass ich Driss nicht ausstehen könne, versicherte sie mir, das sei normal, das sei eine Wirkung der *Thinithin* und werde wieder vorübergehen.

Es ging keineswegs vorüber, denn ich hatte ihn schon vor der Schwangerschaft nicht ausstehen können, nur hatte ich jetzt einen Grund, nicht mehr das Bett mit ihm zu teilen. Übelkeit und Erbrechen blieben mir erspart, ich fühlte mich weder erschöpft noch arbeitsscheu, im Gegenteil, in diesen letzten Monaten habe ich mehr gearbeitet als je zuvor. Die Nonnen sagten zu mir: Siehst du? Wenn man jung Kinder bekommt, ist alles leichter. Was du hier machst, wie locker du durchhältst trotz deines Zustands, das wäre nicht dasselbe, wenn du 30 oder 35 wärst. Und die Stillzeit wird dir wie im Flug vergehen, die Kräfte mit 20 sind ganz andere als mit 30.

Noch bis zu dem Tag, bevor das Wasser austrat, ging ich zum Seminar. Und als ich wusste, dass ich schwanger war, wurde ich sofort bei der Zeitarbeitsfirma vorstellig und erklärte, ich wolle mehr Stunden machen. Immer donnerstags bis montags war ich im Seminar, aber mir blieben noch Dienstag und Mittwoch Nachmittag. Wenn sie mir nicht mehr Stunden geben könnten, sagte ich, müsste ich kündigen und mir eine richtige Arbeit suchen, denn für sie sei ich nun ja schon sehr lange tätig. Sie erwiderten, die vom Seminar seien sehr zufrieden mit mir und verlangten immer, dass ich käme und niemand anderes. Eben drum, sagte ich: Eben darum brauche ich mehr Arbeit unter der Woche. Sie setzten mich auf die Liste einer Firma, die mich anrufen würde, um nach Handwerkereinsätzen zu putzen, in Wohnungen und in Gewerberäumen. Als sich mein Bauch abzuzeichnen begann, fragten die von der Zeitarbeitsfirma, ob ich wirklich damit weitermachen wolle – von ihnen aus könne ich gerne, aber ich täte ihnen leid –, und ich sagte, ja, es gehe mir gut, und wenn es nicht so wäre, würde ich es lassen, und sie würden mir doch so oder so kein Mutterschaftsgeld zahlen.

Meine Kollegin im Rathaus gratulierte mir zur Schwangerschaft – sie habe ihre Kinder auch jung bekommen, mitten im Studium, und anfangs sei sie sehr gestresst gewesen, aber dann hast du es hinter dir.

Ich werde das nicht hinter mir haben, dachte ich, denn ich werde fortgehen. Und ich dachte es mit einer Kälte, die ich bei mir nie zuvor erlebt hatte – als würde ich nichts mehr fühlen, als würde ich mir die Folgen meiner Handlungen gar nicht erst ausmalen.

Das war mein Gemütszustand, als wir von der Heilreise zurückkehrten. Ganz klar sah ich den Slogan, den ich mir in den Kopf gesetzt hatte und auf den ich zurückgriff, sobald sich ein Zagen in meine Gedanken zu schleichen drohte, ähnlich wie beim ersten Mal, als ich fortzugehen versuchte: Lieber alleine sein als irre werden.

Ich hatte es mir fest vorgenommen, und nicht länger als zwei Tage würde ich warten. Die Ausstatterin hatte inzwischen getan, was ich nicht getan hatte, sie war in die Großstadt gezogen, und da ich nicht ohne Bleibe sein wollte, hatte sie mir angeboten, bei ihr unterzukommen, bis ich eine Wohnung und eine Arbeit gefunden hätte.

Bist du sicher, dass du es so machen willst?, fragte sie mich am Telefon.

Und wie, sagte ich. Wenn ich noch länger hier bleibe, werde ich verrückt.

Dann komm zu mir, und wir regeln das zusammen.

Doch kaum hatte ich aufgelegt, erfasste mich ein seltsamer Schwindel und ich musste wieder nach Hause und mich im Wohnzimmer hinlegen. Als meine Mutter mich sah, sagte sie gleich: Du hast dich verändert. Du bist verändert von eurer Reise zurückgekehrt, das weiß ich, das merke ich.

Wie denn?, fragte ich und fürchtete schon, sie hätte meine Fluchtpläne erraten. Wie habe ich mich verändert?

Du bist schwanger.

Als ich das hörte, spürte ich, wie mein Puls zu rasen begann, und der kalte Schweiß brach mir aus, auf den Schläfen, im Nacken, auf den Handflächen, und der Schwindel wurde noch stärker.

Das kann nicht sein, ich nehme die Pille.

Du wirst schon sehen. Bei so was irre ich mich nie.

Das stimmte, sie wusste immer, welche Frau schwanger war, ohne dass man ihr irgendetwas davon erzählt hätte. Auch konnte sie vorhersagen, welche Frauen niemals schwanger würden, doch denen sagte sie nichts, damit sie nicht verzweifelten; da seufzte sie bloß: Diese Dinge weiß Gott allein. Weil meine Mutter Schwangerschaften so zuverlässig erkennt, kommen viele Frauen lieber zu ihr, anstatt auf einen Streifen zu pinkeln.

Manchmal wirkt die Pille nicht, sagte sie. Aber mach doch nicht so ein Gesicht, als ob du sterben müsstest, ein Kind ist immer ein Segen, ein Geschenk Gottes.

Meine Mutter blieb im Wartezimmer sitzen, als ich meinen Termin bei der Hebamme hatte, und ich fragte die Hebamme, ob ich abtreiben könne.

Ja, sagte sie, aber nicht in jedem Fall, der Vater müsse auch Bescheid wissen, es sei nicht allein meine Sache.

Wessen Sache denn sonst? Ist es nicht mein Körper? Bin nicht ich es, die sich aufblähen muss wie ein Globus und deren Geschlechtstrakt zerreißen wird, damit ein Kind hindurchpasst? Die dann Monate oder Jahre brauchen wird, um sich davon zu erholen?

Aber nein, ich sagte zu der Hebamme nichts weiter, schließlich wusste sie nichts über mein Leben und davon, dass eine Abtreibung ohnehin nicht in Frage kam, weil meine Mutter im Wartezimmer saß und schon über meine Schwangerschaft im Bilde war und ich ihr eh nichts verheimlichen konnte.

Die erste Woche nach der Geburt muss die junge Mutter im Haus bleiben, sie ist in einem besonderen Zustand, der sie verwundbar macht für den bösen Blick und zur leichten Beute für die okkulten Kreaturen. Ich bin aber bereits wenige Tage nach der Geburt hinausgegangen, denn geraubt und verschleppt wurde ich ja eh schon vor einiger Zeit, in ein Leben, das nicht meines ist, in eine Wohnung, die nicht meine ist, in eine Stadt, in der ich nicht leben will.

Im Krankenhaus wich mir meine Mutter keinen Moment von der Seite, und das war mir ein wenig unangenehm, aber sie machte sich solche Sorgen, was alles passieren könnte, dass ich es nicht übers Herz brachte, sie fortzuschicken. Es sind unsere letzten Tage zusammen, sagte ich mir immer wieder, unsere letzten Stunden, und ich weiß nicht, ob sie diese Gedanken auch spürte oder ob sie zu sehr von der Geburt ergriffen war. Eine Geburt ist ein Moment der Gefahr, es öffnen sich die Tore zu unbekannten Welten, durch die Mächte des Lichts und der Hoffnung treten können, aber auch übelwollende Kräfte. Eine Geburt ist ein Moment, in dem sich Himmel und Hölle berühren, in dem das Gute und das Böse zusammentreffen, und wir müssen tun, was wir können, um das Gute zu beschwören und das Böse zu bannen.

Doch die Sorge, die meiner Mutter ins Gesicht geschrieben stand, hatte mehr mit mir zu tun, mit uns beiden und mit der Tatsache, dass ich nun endgültig zur Frau wurde. Es war nicht dasselbe, Mutter einer jungfräulichen oder einer verheirateten Tochter zu sein, aber ebenso wenig ist es dasselbe, die Mutter einer Frau ohne Kinder oder die Mutter einer Frau zu sein, die schon ein Kind geboren hat. Das Gesicht, das meine Mutter machte, als die Wehen einsetzten, hatte ich schon andere Male gesehen, und es spiegelte eher wider, was meine Wandlungen für sie bedeuteten, als irgendetwas vom Zusammentreffen der Kräfte des Guten und des Bösen. Sie wird bleich, mit feuchten Augen, doch sie weint nicht, weil ja etwas Gutes geschieht, eine positive Veränderung. Das gleiche Gesicht machte sie, als ich meine erste Regel bekam, und an dem Tag, als ich abreiste, um meinen Cousin herzuholen. Diesmal betrifft die Veränderung obendrein auch sie selbst, denn sie wird Großmutter.

Was sie nicht weiß, ist, dass sie für das Kind nicht nur die Großmutter, sondern zugleich die Mutter sein wird, weil ich fortgehe und ihr das Kind als Pfand lasse. Ein Junge, dem sie den Namen des Propheten geben wollte, ein Junge, von dem ich mir all die Monate, die ich ihn in mir trug, vorstellte, er werde deformiert zur Welt kommen, ohne Hände oder ohne irgendein anderes Körperteil. Nicht deshalb, weil mein Cousin und ich blutsverwandt sind und sich jegliche Missbildung damit erklären ließe, sondern weil dieses Kind die Frucht meiner Liebe zu meiner Mutter ist – ein inzestuöses Kind. Doch als die Hebammen es mir herausgezogen hatten, sah ich gleich, dass ihm nichts fehlte, und sofort wurden auch die Tests gemacht, die bestätigten, dass es ein gesundes und kräftiges Neugeborenes war.

Es würde von meiner Mutter großgezogen werden. Sie hat sich immer gewünscht, mehr Kinder zu haben, und unsere Umstände haben es ihr verwehrt, nun aber kann sie dieses aufziehen, als wäre es ihr eigenes. Der Junge wird zu ihr *Imma* sagen, weil sie ihn ernähren wird; sie wird ihn ankleiden, sie wird ihm die Beine mit lauwarmem Olivenöl einreiben und massieren. Vielleicht wird sie ihn in ein Bündel wickeln, so wie mich damals, allerdings scheint das inzwischen nicht mehr üblich zu sein. Sie wird ihm beibringen, mit der rechten Hand zu essen, *bi ismi Allah* zu sagen und *Lhamdu li-Llah*, es wird sie rühren, wie er als Kleinkind ihr Beten nachahmt. Sie wird ihm auf die Finger klopfen, wenn er etwas Unerlaubtes tut, und ihn mit einem Schuh in der Hand bedrohen, aber kaum je wird sie ihn wirklich schlagen. Sie wird meine Leber zu ihm sagen und mein kleiner Kaumagen, und er wird bei ihr im Zimmer schlafen.

Ich weiß nicht, wie ich das Wort *Pfand* in die Sprache meiner Mutter übersetzen soll, ich finde keine Entsprechung, aber ich lasse ihr dieses Kind als Pfand. Nun wird sie nicht mehr allein sein. Wenn du kleine Kinder hast, pflegt sie zu sagen, bist du immer in guter Gesellschaft.

Epilog

Von meiner heutigen Warte aus könnte ich sagen, dass die erste Zeit in der großen Stadt nicht leicht war, und ebenso gut könnte ich das Gegenteil sagen. Tatsache ist, dass ich an diese Phase wenige Erinnerungen habe. Ich hatte es mir vorgenommen, und ich schaffte es – nicht zurückzublicken, mich kein einziges Mal umzusehen.

Nicht weil ich sonst zur Salzsäule erstarrt, sondern weil ich sonst wieder zerflossen wäre; ich hätte an meine Mutter denken müssen und mich in ihre Lage versetzt. Das hatte ich mir als die strengste Regel verordnet: Wenn ich nach vorne blicken und das Leben führen wollte, für das ich mich endlich entschieden hatte, durfte ich es mir nicht erlauben, mich in die Lage der Frau zu versetzen, die ich mit meinem Kind, das nicht mein Kind ist, zurückgelassen habe. Ich kannte mich ja und wusste, wenn ich diese Tür öffnen würde – mir sie vorzustellen, abermals im Stich gelassen, inmitten all der Klatschbasen, die ihr in den Straßen auflauerten und über das große Unglück tuschelten, das ihr widerfahren war, *Llah istar, Llah istar*; wenn ich, und sei es versehentlich, diese Gedanken zuließe, dann wäre es um mich geschehen. Dann bliebe mir nichts anderes übrig, als dahin zurückzukehren, wo ich gewesen war.

Um wirklich nie an meine Mutter zu denken, untersagte ich mir alles, was diese Gedanken auslösen könnte. Anfangs kam ich bei der Ausstatterin unter, mit in ihrem WG-Zimmer in der

Rambla del Poblenou, und ihr machte ich das einzige Zugeständnis, weil sie so sehr darauf bestand. Vielleicht auch, weil ich noch halb benommen war wegen des vielen Blutes, das ich in den ersten Tagen nach der Geburt verlor. Die Ausstatterin bearbeitete mich, bis ich schließlich einwilligte. Sie würde ihre Mutter anrufen, damit diese meiner Mutter ausrichtete, dass ich wohlauf sei; dass sie mich nicht suchen solle, denn ich wolle nicht nach Hause zurückkehren, aber es gehe mir gut.

Das ist das Letzte, was ich von meiner Mutter weiß. Obwohl, nicht einmal das weiß ich. Ich habe nie gefragt, ob ihr die Nachricht wirklich überbracht wurde und wie sie reagiert habe.

Dass ich kaum Erinnerungen an jene erste Zeit habe, liegt auch daran, dass ich mir abgewöhnte, alles, was mir geschah, mit dieser krankhaften Pingeligkeit zu registrieren. Ich hörte auf, jedes mit jedem in Verbindung zu bringen, bis ich nicht mehr wusste, wo mir der Kopf stand. Woran ich mich erinnere, ist, dass ich lange Gänge unternahm; dass ich, ohne anzuhalten, durch riesige Straßen ging, so lang, als würden sie nie enden, und dass ich glücklich war über diese Unermesslichkeit der Stadt.

Schnell fand ich Arbeit als Zimmermädchen in einem zentral gelegenen Hotel, und sobald ich meinen ersten Lohn ausgezahlt bekommen hatte, suchte ich mir ein Zimmer für mich allein, um auch zu der Ausstatterin Abstand zu gewinnen. Zwar war ich bei ihr gut untergekommen, doch sie redete ständig von ihrer Mutter und erinnerte mich damit zwangsläufig an meine. Außerdem wollte ich ihre Sprache nicht mehr hören, und die Ausstatterin neigte dazu, sie auf eigentümliche Weise in die hiesige zu mischen. Es begann mich zu stören, dass sie *aj tfu* sagte oder *iwa* oder *tez*, weil es für solche Ausdrücke in der hiesigen Sprache keine ähnlich kraftvolle, mit Bedeutung aufgeladene Entsprechung gibt. Außerdem kochte sie Eintöpfe und *Tscharmilas*, machte *Sfenj*, wann immer sie konnte, bereitete Gebäck mit Mandeln und Erdnüssen zu, und wenn ich diese Speisen aß, die meine Mutter genauso kochte, war es mir unmöglich, nicht an sie zu denken.

Mein Zimmer war nichts Besonderes, eine kleine Kammer, das einzige Fenster ging auf einen engen Lichthof, in dem sich alle Gerüche des Hauses sammelten. Und doch hatte ich dort zum ersten Mal im Leben das Gefühl, einen eigenen Ort zu haben.

Ich begann wieder zu lesen, zunächst mit einer gewissen Furcht, aber bald mit unersättlicher Gier. Ich las wieder alles, was mir in die Finger kam, ohne System und ohne ein bestimmtes Ziel. Ich nahm mir vor, doch noch zu studieren, aber bisher habe ich nicht damit angefangen. Ich habe mir die Semesterpläne einiger Fächer angeschaut, mich über Inhalte, Berufsaussichten und so weiter informiert, und manchmal war ich kurz davor, mich einzuschreiben, aber dann habe ich es doch nicht getan. Ohne einen bestimmten Grund.

Die Haare, die mir wuchsen, nachdem ich sie mir ganz kurz hatte schneiden lassen, waren meine ersten eigenen Haare. Weil meine Mutter mir immer Henna aufgetragen hatte, schon als ich ein paar Monate alt war, hatte ich meine wirkliche Haarfarbe nie genau gekannt. Auch hatte ich nicht gewusst, wie meine Locken natürlicherweise aussahen, ob ebenmäßig oder rebellisch, denn seit ich klein war, hatte meine Mutter sie mir stets mit Olivenöl gekämmt. Als sie mir unbehelligt wuchsen, stellte ich fest, dass sie tatsächlich rebellisch waren, unbezähmbar, wie es heißt, und innerlich lachte ich darüber, denn wenn meine Haare zuvor eines gewesen waren, dann gezähmt, aber so was von gezähmt. Da ich sie nun so trage, wie sie sind, ohne irgendwelche Behandlungen, sehe ich marokkanischer aus denn je. Deshalb sprechen andere Marokkaner mich manchmal auf Arabisch oder auf Tarifit an, aber ich tue dann so, als verstünde ich sie nicht, um nicht wieder auf meine Mutter zurückzukommen.

Inzwischen ist genug Zeit vergangen, um mich doch wieder an vieles zu erinnern, ohne dass es mir wehtut. Das ist mir kürzlich bei einer Busfahrt aufgefallen. Vor mir saß eine Gruppe von drei oder vier Frauen aus dem Rifgebirge, sie unterhielten sich. Ich hörte sie reden, erst ohne darauf zu achten, in welcher Sprache sie es taten, aber plötzlich merkte ich, dass es nicht nur die Sprache meiner Mutter war, sondern ich auch noch jedes Wort verstand. Fast erschrak ich darüber, dass ich sie immer noch beherrsche, obwohl ich sie seit Jahren nicht mehr gesprochen habe. Eine ganze Weile saß ich hinter den Frauen und lauschte, und mit jedem Wort, das ich hörte, jedem Satz, den ich wiedererkannte, spürte ich fast körperlich, wie sich Dinge in meinem Kopf blitzschnell zusammenfügten. Ich konnte dem Lauf dieser Verbindungen nicht folgen, so sehr rasten sie, aber sie fühlten sich an wie ein Kitzeln in meinem Gehirn. Ich lachte innerlich, ich lachte und konnte die Fröhlichkeit, die mich erfasst hatte, kaum verbergen, begann mir mit aller Kraft zu wünschen, diese Frauen würden nie mehr aus dem Bus steigen, sie würden mich nie wieder ohne meine Muttersprache lassen. Ich dachte, ich wäre gerne eine von ihnen, aber ohne auf mein neues Leben verzichten zu müssen, ich wäre gerne bei meiner Mutter, ohne anders sein zu müssen, als ich bin.

Als sie dann doch ausgestiegen waren, schlug meine Freude in ein untröstliches Schluchzen um, und bei der nächsten Haltestelle stieg ich selbst aus, denn mein Weinen war für die anderen Fahrgäste nicht mehr überhörbar. Ich ging zu Fuß und weinte weiter, ging und weinte, bis ich in meinem Zimmer war, und dort weinte ich noch stundenlang.

Als ich genug vom Weinen hatte, beschloss ich zu schreiben. Ich würde die Geschichte meiner Mutter aufschreiben, um sie zu bergen, um sie zu bewahren und um ihr Gerechtigkeit widerfahren zu lassen. Denn alles, was ich glaubte vergessen zu haben, alles, was mit ihr zu tun hatte, trug ich in Wahrheit weiter in mir, bloß ohne zu wissen, wo. Ich würde ihre Geschichte schreiben und sie damit von meiner eigenen Geschichte lösen. Ich würde ihre Geschichte schreiben, und auf diese Weise würde ich ich selbst sein können, ohne zu ihr zu gehören, aber zugleich ich selbst, ohne gegen sie zu sein.

Das andere Mallorca ...

Der Roman setzt sich am Beispiel einer 30-jährigen Journalistin mit den Befindlichkeiten dieser Generation auseinander, die sich in Zeiten von wirtschaftlicher und beruflicher Unsicherheit mit Zukunftsängsten und Themen wie Herkunft, Heimat und Perspektiven beschäftigen.

„Ein lebhafter und intelligenter Erzählstil voll von hoher Sensibilität und Ausdrucksfähigkeit. Ramis ist in vielerlei Hinsicht brillant: ihr Umgang mit Sprache ... insbesondere die Art und Weise wie sie Szenerien kreiert – der nahtlose Übergang von einer Situation zur nächsten." El País

Aus dem Katalanischen von Heike Nottebaum
ISBN 978-3-944666-54-9
280 Seiten, Klappenbroschur
€ 22,00
Auch als eBook erhältlich

Mutiger Roman ...

Derin ist Journalistin. Sie ist so türkisch wie französisch und lebt in Paris. Als sie sich gerade auf den Weg machen will, um über einen ermordeten Kollegen in Istanbul zu schreiben, begegnet ihr kurz vor dem Abflug ein Armenier. Seine Geschichte fesselt sie, wirft aber auch Rätsel auf. In Istanbul angekommen, beginnt sie zu recherchieren und eine so irritierende wie dramatische Suche beginnt, deren Ergebnis sie vollkommen erschüttert.

„So selbstverständlich, wie Barbaros Altuğ über die historische Wahrheit schreibt, so selbstverständlich liebt seine Protagonistin Frauen. Auch das ist eine Stärke dieses hinreißenden Romans zwischen Paris, Istanbul und Eriwan – ein im besten Sinne und in vielerlei Hinsicht aufklärerisches Buch." Dirk Fuhrig, Büchermarkt DLF

Aus dem Türkischen von Johannes Neuner
ISBN 978-3-944666-48-8
152 Seiten, Klappenbroschur
€ 16,00
Auch als eBook erhältlich

Der erste afrikanische Frauenroman ...

Dieser Roman ist ein ausgezeichnetes Porträt einer afrikanischen Gesellschaft, deren jüngere Generation von Frauen darum kämpft, dass die Gesellschaft nicht mehr patriarchalisch und kolonial dominiert wird.

2018 wurde das Buch von der BBC aufgenommen in die Liste der 100 Bücher, die die Welt verändert haben.

„Viele gute, von Männern geschriebene Romane sind in Afrika entstanden, aber wenige von Schwarzen Frauen. Dies ist der Roman auf den wir gewartet haben ... und dieses Buch wird ein Klassiker." Doris Lessing

Aus dem afrikanischen Englisch von Ilija Trojanow
ISBN 978-3-944666-60-0
280 Seiten, Klappenbroschur
€ 22,00
Auch als eBook erhältlich

Originaltitel: La filla estrangera
Edicions 62, Barcelona
© Najat El Hachmi, 2015

Bibliografische Information der Deutschen Nationalbibliothek
Die Deutsche Nationalbibliothek verzeichnet diese Publikation
in der Deutschen Nationalbibliografie; detaillierte bibliografische
Daten sind im Internet über http://dnb.d-nb.de abrufbar.

1. Auflage, 2020

Übersetzung: Michael Ebmeyer, Berlin
Lektorat: Palma Müller-Scherf, Palma Publishing, Berlin
Umschlag: Reinhard Binder, Berlin
Umschlagfotos: Shutterstock
Satz: brama Studio, Wien
Druck und Bindung: CPI-Print, Leck
Printed in Germany
ISBN 978-3-944666-65-5